EDITION *für*satz

Gewidmet den ehrenamtlichen Betreuerinnen und Betreuern von Strafgefangenen.

Rosemarie Bronikowski

Irgendwann wird man mich zu Ende denken

Begegnung mit Strafgefangenen

Titelbild: Aufnahme von Ernst S. Steffen während einer Lesung 1969

Erste Auflage 2003
Copyright edition fürsatz, Trescher Verlag
Reinhardtstr. 9, 10117 Berlin
Tel. (030) 283 24 96, Fax (030) 281 59 94
Grafik, Satz: Elisabeth Niedziela
Printed in Germany
ISBN 3-928409-02-6

Einführung

Der erste Teil ist eine Neuauflage meines 1974 erschienenen Buches *Ein Strafgefangener und eine bürgerliche Familie: Auseinandersetzung mit Ernst S. Steffen*. Ich habe es stark gekürzt und auf das Wesentliche konzentriert: die Begegnung meiner Familie mit dem gerade aus der Haft entlassenen Dichter. Eine Familie, die keinerlei Erfahrungen mit dem Strafvollzug und seinen Folgen hatte. Wir glaubten über die beeindruckenden Gedichte, die Ernst Steffen schrieb, ließe sich von selbst eine Brücke zu der uns fremden Welt herstellen, aus der er kam. Daß dies nicht so war, welche Probleme auftauchten, und welche Einsichten in die Praxis des Vollzugs uns seine Texte vermittelten, ist der Inhalt auch der neuen Auflage.

Neben Zitaten aus Schriften und Büchern von Ernst Steffen habe ich Passagen aus meinem Briefwechsel mit dem Strafgefangenen Bertram T. aufgenommen. Er war nicht, wie Steffen, in der besonderen Position eines Dichters. Das gab mir beim Schreiben die Möglichkeit, beide Aussagen zum Strafvollzug miteinander zu vergleichen.

Der Zeitgeist seiner Entstehung ist im Buch unverkennbar. Die Anstalten, in denen Steffen seine Erfahrungen machte, hießen noch Fürsorgeheim und Zuchthaus. Und wir entsprachen als Lehrerfamilie noch dem traditionsbewußten Familienbild der Adenauerzeit, bis wir in die Zerreißprobe der sogenannten 68er gerieten. Dennoch hat das Buch an Aktualität nichts verloren. Gibt es im Strafvollzug auch nicht mehr die typischen Zuchthäusler im gestreiften Anzug, die beim Hofgang im Kreis marschieren, der von Steffen beklagte Identitätsverlust ist der gleiche geblieben. Immer noch gehen in der Massenunterkunft einer Vollzugsanstalt Selbstachtung und menschliche Würde verloren, mit der Folge der Abstumpfung und Verrohung ihrer Insassen. Die hohe Rückfallquote der aus der Strafhaft Entlassenen spricht für sich.

Im zweiten Teil *Knast und – was dann?* erzähle ich die Geschichte meiner ersten Betreuung. Der aus der Sicherheitsverwahrung entlassene Analphabet Karl Schirmer (Name geändert) verfügte nicht über die sprachlichen Ausdrucksmittel eines Ernst Steffen oder Bertram T. Mich auf ihn einzustellen war eine Belastungsprobe, die mich anfangs stark verunsicherte. Mit flüchtig festgehaltenen Gedächtnisprotokollen versuchte ich bestimmte Vorkommnisse in Erinnerung zu behalten. Für die Veröffentlichung habe ich sie der Lesbarkeit wegen bearbeitet, ohne sie inhaltlich zu verändern. Ich gehe davon aus, daß die geschilderten Schwierigkeiten für jeden, der mit Strafgefangenen zu tun hat, von Interesse sind und Fehler vermeiden helfen.

Im dritten Teil habe ich unter dem Titel *Streiflichter* Momentaufnahmen aus einer Gesprächsgruppe zusammengestellt. Die Teilnehmer sind Strafgefangene und Menschen von außerhalb, die sich einmal wöchentlich in der Vollzugsanstalt treffen. Die Texte sind kurze Porträts von Gefangenen, die mir in ihrer Originalität, aber auch in ihrer Problematik besonders auffielen. Ihre Namen sind geändert und ihre Biographien sind in so weit verfremdet, daß Rückschlüsse auf bestimmte Personen nicht zu ziehen sind.

Freiburg, im Januar 2003

Erster Teil
Auseinandersetzung mit Ernst S. Steffen
Ein Strafgefangener und eine bürgerliche Familie

Ein Fürsorgezögling befreundet sich mit dem scharfen Wachhund der Anstalt. Er denkt nicht mehr ans Ausreißen, er hat jetzt einen Freund. Freund Hund taugt nicht mehr zum Wächter, man schafft ihn ab. Jetzt reißt der Fürsorgezögling aus.
Man ist eine Instanz, die darüber wacht, daß Wachhunde Wachhunde bleiben.

Zur Einleitung der *Auseinandersetzung mit Ernst S. Steffen* eine Geschichte aus seiner Heim-Kindheit. Sie kommt bekannt vor. Es sind Geschichten von Verstößen gegen eine Anstaltsordnung und vom Sieg der Anstaltsordnung über die Verstöße. Manchmal scheinen sie ein gutes Ende zu nehmen. Nach Abbüßung seines eigenwilligen Verhaltens durch die ihm zuerteilten Strafen wurde der einstige Fürsorgezögling eines Tages entdeckt. Er war vorhanden. Er besaß die Gabe des literarischen Ausdrucks. Er fand Menschen, die sich seiner annahmen. Vielleicht wurde doch noch alles gut.

Es wurde nicht wieder gut.
Der langjährige Strafgefangene und in der Strafhaft zum Dichter gewordene Ernst S. Steffen fuhr sich mit dem Auto knapp drei Jahre nach seiner letzten Entlassung in einer verzweifelten Verfassung zu Tode.

Das geschah im Dezember 1970. Er war 34 Jahre alt und seit drei Jahren in Freiheit. Von außen betrachtet ein erfolgreicher Autor. Seine noch im Gefängnis geschriebenen Gedichte waren bei Luchterhand unter dem

Titel *Lebenslänglich auf Raten* erschienen und fanden Beachtung. Eine Publikation unter dem Titel *Rattenjagd* war bei Luchterhand vorgesehen, erfolgte aber erst nach seinem Tod. Seine ebenfalls im Gefängnis entstandenen vier Hörspiele wurden produziert. Als Volontär und späterer freier Mitarbeiter bei den Sendern Saarbrücken und Baden-Baden hatte er einen Aufgabenbereich, in dem er sich entfalten konnte. Schwierigkeiten stellten sich jedoch ein, als auch andere Themen von ihm erwartet wurden als der Strafvollzug.

Es gab für ihn kein anderes Thema. Er wollte darüber aufklären, was hinter Mauern vor sich geht. Hinter den Mauern der Gefängnisse wie hinter denen der »Heim« genannten Anstalten. Die seelischen – mehr noch als die körperlichen – Verletzungen in der Kindheit hatten Auswirkungen auf sein ganzes weiteres Leben. Darüber wollte er schreiben.

An Weihnachten durchgegangen,
an Weihnachten wieder gefangen

Diese Zeilen aus einem seiner Gedichte hören sich sentimental an. Der Begriff »armes Heimkind«, aus dem dann zwangsläufig ein »armer Gefangener« wird, gehört in den Groschenroman. Und warum muß es gerade Weihnachten sein, das gefühlsbeladene Fest, an dem das Heimkind flieht und wieder gefaßt wird?
Ich schreibe ja nur, wie es war, würde Ernst Steffen sagen.

Ein aufmüpfiger Junge, schwer erziehbar, wie es hieß, von einem Heim ins andere weitergereicht. Es folgten Jugendknast, Gefängnis, Zuchthaus. Die Liste seiner Einbrüche ist lang. Auch die der Ausbrüche aus den Gefängnismauern. Bei einem Fluchtversuch schlug er einen Beamten nieder und galt seitdem als Gewaltverbrecher. Also doch – die vorgezeichnete Laufbahn?

Steffens Prosaerzählung *Rattenjagd* beginnt damit, daß er, der sich im Buch *Ali* nennt, eine Ratte tötet. Es ist ein bitterböses Buch vom Knast. Steffen sieht in ihm ein System der Verrohung und Abstumpfung: »Merkt

Ihr denn gar nicht, was Ihr uns antut?« fragt er an die Adresse der Justiz. »Ein einziger Denkvorgang würde Euch zeigen, daß Menschen, denen man die Selbstachtung nimmt, sich immer werden schlagen müssen.«

Ernst Steffen verbrachte mehr als die Hälfte seiner Lebenszeit in Erziehungsheimen und Vollzugsanstalten, die damals noch Zuchthaus hießen. Mit den heutigen Strafgefangenen verbindet ihn die Tatsache, daß er nach der Strafhaft immer nur kurzzeitig Boden unter den Füßen fand. Zu lange von der Welt weggeschlossen, um im freien Leben vernunftgemäß zu handeln. Er war jedoch fähig, seinen Zustand in Worte zu fassen.

Steffen, du bemitleidest dich! – Wer sonst?
Diesen Satz stellte er seinem Gedichtband *Lebenslänglich auf Raten* voran. Der Satz war zynisch gemeint, und gewiß kein Mitleid einfordernd. In der Welt, aus der er Steffen kam, war Mitgefühl ein Fremdwort. Trotzdem – in seiner Lyrik verriet er neben der Brutalität seiner Lebensumstände eine bei einem Straftäter unvermutete Sehnsucht nach einer anderen Art von Leben.

Es ist sehr schwer,
Verbrecher zu sein,
wenn man etwas anderes
sein möchte.
Aber vor allem ist es schwer,
etwas anderes zu sein,
wenn man Verbrecher ist.

Für die Opfer von Verbrechen mag das wie Hohn klingen. Ob da einer Gedichte schreibt oder nicht, Tatsache ist, er hat ihnen etwas angetan, ihnen Schaden zugefügt, manchmal für ihr ganzes Leben. Will er da noch an Verständnis appellieren? Ist es überhaupt angemessen, sich mit dem Täter zu beschäftigen, während die Opfer oft aus dem Blickfeld geraten?

Fragen, die ich mir beim Schreiben stelle. Sich mit den Bedingungen zu befassen, die einen Menschen zum Täter werden lassen, wäre nur gerechtfertigt, wenn dadurch weitere Straftaten verhindert würden. Doch Privatpersonen wie ich, ohne Vorbildung im sozialem oder psychologischen Bereich, sollten sich nicht anmaßen, eine kriminelle Laufbahn einfach durch ihre Verständnisbereitschaft umzukrempeln. Was sie tun können, ist durch normalen menschlichen Umgang mit einem straffällig Gewordenen, diesem wieder ein Selbstwertgefühl zu vermitteln.

Wir lernten Ernst Steffen im Sommer 1968 kennen. Zunächst über ein in der Zeitung veröffentlichtes Gedicht. Es enthielt die Zeilen:

Ich werde von mir getragen
wie ein Anzug.

Ein ungewöhnlicher Vergleich. Hier war einer, der seiner Lage in knappster Form Ausdruck zu geben verstand. Da ich selbst Gedichte schrieb, war es für mich mehr ein literarischer, als ein sozialer Grund, ihn nach Absprache mit meiner Familie zu uns einzuladen. Wir lebten damals in Heilbronn, seiner Heimatstadt.

Unsere Familie war mit sieben Kindern und deren Freunden und Freundinnen ein vielseitiges Leben gewohnt, aber der Dichter, der jahrelang im Gefängnis gesessen hatte, brachte einigen Wirbel in das festgefügte Familienleben. Mit ehemaligen Strafgefangenen hatten wir zuvor niemals Kontakt. Und nun kam dieser Steffen wie eine explosive Mischung von Lebensgier und Hoffnungslosigkeit in unsere Mitte. Vielleicht empfanden ihn andere anders, ich kann nur von der Wirkung seiner Person auf unsere Familie sprechen, die er in stürmischer Zuversicht zu seiner Wahlfamilie machte. Mich nannte er seine »Pflegemutti«, die Kinder seine »Geschwister«, und »der Ernst«, wenn er uns besuchte, gehörte bald »einfach dazu«.

Doch Probleme blieben nicht aus. Später wußten wir, daß er ein Fremder geblieben war, von uns geliebt, aber im Grunde nicht verstanden.

Vielleicht hätten beide Seiten mehr Zeit gebraucht. Wir jedenfalls waren noch am Lernen, und das Lernen hörte mit seinem Tod nicht auf.

Ernst Steffen starb am 10. Dezember 1970. Zwei Jahre schrieb ich dann an der Auseinandersetzung mit diesem in unsere Normalfamilie geratenen Außenseiter. Warum hatten wir ihm nicht noch besser beistehen können? Was macht eine lange Strafhaft aus einem Menschen, daß er das Leben nicht mehr packt? Fragen, die mich tief beunruhigen, und denen ich beim Schreiben dieses Buches nachgegangen bin.

Liebe Familie Bronikowski,
ich bin hier und alle sind hier und ich kann sogar Schreibmaschine schreiben, ätsch! Und mein Hund ist auch da, ätsch! Und außerdem höre ich gerade, daß ich viel schneller schreiben kann, als der Herr des Hauses. Ich mache allerdings auch viel mehr Fehler beim Tippen. Aber das macht ja fast gar nichts, weil ich ja sowieso viel mehr Fehler habe.

Lieber Steffen,
dieser auf meiner Maschine getippte Zettel ist dem Papierkorb nur deshalb entgangen, weil ich die Rückseite für Notizen verwendete. Hätte ich damals ahnen können, daß er ein bißchen Steffen würde, wenn die beiden Bücher drüben im Bücherschrank schon zu einem Abschluß gekommen sind: So hat er gedacht, erlebt, empfunden. Und wie hat er gesprochen? Ätsch.

Zu dem Zettel gehört ein Nachmittag, an dem wir alle zusammen saßen, Kaffee tranken, es klingelte zweimal kurz, der Ernst kommt.
Habt ihr noch eine Tasse für mich?

Vorweg Struppis kratziges Geschnüffel.
He – Struppi! Fabelhaft in Schale, dein Herr heute wieder. Braun und beige vom Schlips bis zu den Socken. So – so zurückhaltend. Müssen wir uns umziehen, Steffen? Wir sehen aus wie die Räuber.
Er streift uns mit schrägem Blick und bleibt wartend neben der Tür,

während ich mich bemühe, einen der Söhne zum Platzwechsel zu bewegen.
Das ist s e i n Sessel.
Wieso – gehört der ihm?
Besitzende Oberschicht, da könnt ihr nichts machen.
Kaffee, Steffen?
Ich muß Tee trinken. Was habt ihr für eine traurige Musik?

Steffen kramt im Plattenschrank.
Pink Floyd?
Händel, davon wird einem besser.
Ist was?

Nein, Gott sei Dank, er ist in Laune, gehobener Stimmung, hat eine Frau erobert oder auch zwei, Geld in Aussicht, oder den ganz tollen Posten, den Porsche, den Jaguar, das Pferd...
Wißt ihr schon? Der Ernst ist jetzt Cowboy.
Auf einer Ranch in Baden-Baden.
Reitest du Wildpferde ein?
Autofahren kann schließlich jeder.
Das nächste Mal komme ich zu Roß! Ach Leute...

Er lehnt sich zurück, breitet die Arme aus, freut sich an dem Gefrotzel. Beethovens Fünfte, aber laut. Die Obermieter, Steffen! Sie rufen täglich an, wegen dem Krach bei uns.
Krach?
Auf Beethoven die Bee Gees.
Steffen sucht am Tischbein, da war doch... Wo ist denn der Cognac geblieben?
Schluß mit Cognac, du mußt nachher fahren.
Ooch.
Und wir schenken ihm noch einen ein, damit er noch einen Cognac lang bleibt, und der Krach aus den Lautsprechern, der dicke Rauch, die Gespräche.

Der Hund, die Schnauze auf seinem Schuh. Ergebener Blick von unten, geht er immer noch nicht?
Ein Feuerzeug klickt. Die Hundeaugen verschwinden in der Wolle.
Einmal brachte er ihn frisch geschoren, ein halbes Hündchen.
Wie wenig Hund doch in so viel Fell steckt!
Laß die nur reden, Struppi, tröstete ihn sein Herr, die verstehen davon nichts.

Lieber Steffen – wäre dies ein Brief, so stände jetzt ein mißglücktes Ätsch drin. Ätsch, wir sind noch alle hier. Und die familienüblichen Beschimpfungen: Du mit deinem Autotick, mit deiner verdammten Raserei.
Wir sind enttäuscht von dir, Ernst... so hätte der imaginäre Brief fortgehen müssen. Wir waren bereit, deinem dichterischen Höhenflug zu folgen, aber nicht dem Sturz aus einer Straßenkurve. Ohne ersichtliche Notlage, ohne Gegenverkehr, schlechtem Straßenzustand, und was immer die Sache entschuldigt hätte. Einfach so gegen einen Baum.

Ja, wir hatten dich fliegen sehen wollen, ein freier Vogel, nachdem endlich die Käfigtür geöffnet war. Das Pünktchen da oben in der blauen Luft ist Ernst S., der bekannte Lyriker.
Was ist mit so einem Vogel los, wenn er die himmlischen Weiten gar nicht genießen kann? Hat er im Käfig die Federn verloren? Steuert er statt dessen unseren Kopf an, zerstört die Frisur und hinterläßt, was wir schleunigst zu entfernen trachten?

Ein Brief, als seien gutgemeinte Blödeleien wieder aufzunehmen. Als sei nichts Endgültiges geschehen.
Eines Tages komme ich ja doch auf der Straße um.
Aber Steffen – das kannst du doch dem Auto nicht antun.
Kein guter Scherz. Hängengeblieben, wo jetzt ein Loch entstanden ist, über das keine Ironie mehr hinweghelfen kann. Nur die Zeit versucht ein bedrückendes Geschehnis Zentimeter um Zentimeter in die Vergangenheit abzurücken. Wird die Erinnerung eines Tages verblassen?

Nicht wenn sein Tod das ist, was Steffen selber darunter verstanden hätte: Die letzte Konsequenz eines verfehlten Lebens.

Die verfehlten Leben gibt es weiterhin, und somit mußte die Steffen-Geschichte aufgeschrieben werden.

Wollt ihr mich als Schurken,
als Psychopathen?
Oder wollt ihr: mich?
Dann versucht nicht
Zu begreifen.
Klammert euch an die Fakten,
sie lassen euch alle Möglichkeiten,
die sie mir nehmen.

Ein Gedicht von Steffen, das auch auf den Gefangenen Bertram T. zutreffen könnte, der heute noch sitzt. Mit ihm stehe ich im Briefwechsel, seit ich ihm auf einen in der Badischen Zeitung veröffentlichten Leserbrief geantwortet hatte. Das war nach Steffens Tod. Seine Briefe sind für mich ein wichtiger Regulator beim Abfassen dieses Buches. Er ist kein Gedichte schreibender Ausnahmeknacki, sondern einer, der sich als im »passiven Widerstand befindlich« bezeichnet. Er war schon im Knast, als Steffen noch lebte, hat ihn aber nicht gekannt. Ich brachte ihm die *Rattenjagd* ins Gefängnis. Er schreibt darüber:
»Ich habe das Buch gelesen, Wort für Wort.
Der Tatbestand stimmt – ich könnte noch Erfahrungen anfügen. Nur ist es mir unbegreiflich, warum Steffen bei dieser Erfahrung nicht das einzig Richtige getan hat. Warum hat dieser Mann sich in aussichtloser Position auf eine Materialschlacht eingelassen?«

Die Antwort darauf hat Steffen selbst gegeben. Sie ist in der *Rattenjagd* auf Seite 77 nachzulesen:
»Ich kämpfe nicht.
Ich kämpfe nicht, weil Kampf aussichtslos ist.

Ich führe Beweis.
Und nur das will ich beweisen: Kampf ist sinnlos.«

Dennoch – alles, was Steffen schrieb, war Kampfansage.
Bertram T. dagegen scheint zu resignieren.
»Ich bin vorbestraft, in Heimen gewesen, habe nie eine Chance bekommen, ein denkender Mensch zu werden. Ein Zuhause kenne ich nicht. Ich bin oberflächlich, faul und ungebildet.«

Aber Bertram ist ein denkender Mensch – er denkt über sein Dasein nach. Welche Chance wurde vertan, als dieses Kind nicht gefördert, sondern in seinen Anlagen gebremst wurde! Zuwendung statt Abfertigung könnte eine negative Entwicklung auffangen, selbst bei seelisch verwahrlosten Kindern. Aber die Erwachsenenwelt ist einfallslos. In Steffens Akte ist zu lesen: »Die häuslichen Verhältnisse machten eine Heimunterbringung nötig.« Aus ungeordneten häuslichen Verhältnissen in geordnete zwangsversetzt. Um sie anheimelnd zu machen, werden die geordneten Verhältnisse »Heime« genannt. Sie riechen nach Bohnerwachs.

Es gibt ein Foto vom 3-jährigen Ernst zwischen seinem gewalttätigen Blasmusiker-Vater und seiner vom Leben überforderten Mutter. Auf dem Foto stellt sich eine intakte Familie dar. Der kleine Ernst lacht in die Kamera. Vokabeln wie übermütig, abenteuerlustig, draufgängerisch, fallen zu diesem Kind ein.
Und es gibt ein Foto vom etwa 14-jährigen Ernst, zu dem einem nur einfällt: so darf ein Junge mit 14 nicht aussehen. Ein kindliches Gesicht mit dem Ausdruck eines Mannes, der nichts von seiner Zukunft erwartet. Nichts mehr.

»Niemand fragte mich«, sagte Steffen zu seiner behördlich verordneten Einweisung in ein Heim, nachdem seine häuslichen Verhältnisse den Vater veranlaßt hatten, ihm in Volltrunkenheit eine Gehirnerschütterung und einen Nasenbeinbruch zu prügeln.

Ich bitte Sie, wer fragt ein Kind, dessen Nase mit einem Besenstiel zerschlagen wurde, ob es seine Heimunterbringung für notwendig hält. Das Kind ist so dankbar für diese menschenfreundliche Maßnahme, daß im Heim die Fenster vergittert und die Türen abgeschlossen werden müssen, um es am Flüchten zu hindern. Flieht es trotzdem in die ungeeigneten häuslichen Verhältnisse zurück, so fragt man nicht, wie wohl die Anstaltsverhältnisse aussehen, denen es die häuslichen Prügel vorzieht. Sondern man befördert es umgehend zurück und bestraft es. Hat es sich gar für den Fluchtweg ein Beförderungsmittel widerrechtlich angeeignet, so ist die erste Straftat aktenfällig.

»Ich suche gerade die Akte heraus...
Entschuldigen Sie, Hochwürden, ich muß lachen. Wenn man sich das so überlegt – ein 12-jähriger Rotzbengel und Akten? Gründlich, gründlich. Wir sind eine gründliche Nation...«
In seinem ersten Hörspiel *Feuer* gibt Steffen seine Heim-Erlebnisse wieder. Das Kind steht da ganz klein vor der Überheblichkeit, die über seine Bedürfnisse besser Bescheid weiß, als es selbst. Es wehrt sich, indem es schweigt: es ist trotzig. Es ist verstockt.
Der Anstaltspfarrer und der Arzt unterhalten sich über Erziehungsprobleme.
»Das alte Lied. Alles folgerichtig, Haltlosigkeit, Verwahrlosung, dann diese kleinen Diebereien... Schließlich, meist zu spät, wird die Fürsorgeerziehung angeordnet. Dann bekommen wir sie und sollen den Teufel austreiben. – Hier also: Vater notorischer Säufer, prügelt den Jungen halbtot, und die Mutter gleich mit. Der Junge treibt sich Tag und Nacht herum.
Der Junge wurde also viel geschlagen?
Er lag zuletzt mit einem Schädelbruch im Krankenhaus.
Und hier wird er wieder geschlagen?
Ich weiß – ich weiß, was Sie sagen wollen. Aber sehen Sie meine Lage: es geht nicht anders. Es ist die einzige Methode, die sie verstehen. Wir müssen sie damit aufreißen und im richtigen Moment das Samenkorn hineinwerfen.«

Im Alter von 12 Jahren war Steffen nach der Mißhandlung durch seinen Vater in ein katholisches Pflegeheim eingewiesen worden. Dort ging er zur Schule mit anfänglich sehr guten Noten, bis es zu einem radikalen Umschwung kam. Durch das unchristliche Verhalten christlicher Erzieher, wie er sich ausdrückte. Was genau vorgefallen war, sagte er nicht. Nur, daß er floh und wieder zurückgebracht wurde.

Nach Schulabschluß entließ man ihn zu den Eltern. Die Verhältnisse dort waren weiterhin katastrophal, und entsprechend seine Unfähigkeit, Perspektiven für die Zukunft zu entwickeln. Er ließ sich treiben, verlor eine Lehrstelle und die Arbeit als Hilfsarbeiter, wurde von ratlosen Behörden in wechselnden Erziehungsheimen untergebracht, befand sich mehrfach auf der Flucht mit geklauten Fahrrädern und Diebereien, um sich über Wasser zu halten. Schließlich mit einem entwendetem Motorrad. »Für die Strafkammer steht fest, daß der Angeklagte durch wiederholte Übung einen Hang nunmehr zu Diebstählen besitzt«, hieß es im Urteil.

Er erhielt vier Wochen Arrest und 6 Wochen Jugendhaft. Eine Gelegenheit, die kriminellen Erfahrungen von Mitgefangenen kennenzulernen. Danach wurde der Versuch gemacht, ihn zu der in Scheidung stehenden Mutter zu entlassen. Das Ergebnis war wie gehabt, er bummelte herum, brach eine Lehre ab, und kam erneut in ein Erziehungsheim. Wieder auf Flucht, verübte er zusammen mit einem früheren Kumpel eine Serie von Betrügereien, Einbrüchen, und Gewalttaten. Von da an ist Steffens Lebenslauf von Gefängnisstrafen mit kurzzeitigen Unterbrechungen gekennzeichnet. Seine letzte Entlassung erfolgte 1967. Er erhielt Arbeit als Schriftsetzer in einer Druckerei, zuerst in Karlsruhe, dann in Heilbronn.

Wir kannten seine Vorgeschichte nur in groben Zügen, doch fiel uns an Ernst Steffen bald auf, daß er gegen jede Art von Zwang mit einer blindwütigen Aufsässigkeit reagierte. Auch war er zu keiner ruhigen Überlegung fähig, wenn ihn persönliches Mißgeschick oder eine finanzielle

Misere in die Enge trieben. Und fühlte er sich von jemandem gekränkt, konnte ihn nichts von einer völlig überzogenen Reaktion zurückhalten, er mußte sich offenbar Genugtuung verschaffen. Wir waren auf solche Verhaltensweisen nicht vorbereitet und fühlten uns recht hilflos: Was hat der Ernst bloß wieder angestellt!

Wie kann man nur so realitätsfern sein, fragten wir uns, wenn er Personen oder Sachen falsch einschätzte und dies einfach nicht wahrhaben wollte. Heimerziehung, Gefängnishaft – was das bedeutete, wurde uns erst mit der Zeit klar. Von früher Jugend an durch Wegsperren dem Leben entfremdet – darf das überhaupt sein? Aber ja, sagt das Recht, nach rechtlichen Grundsätzen durchaus. Nach menschlichen Gesichtspunkten allerdings…

»Zwanzigjährig in meiner Einzelzelle: langsam, ganz vorsichtig in die Horizontale gleitend und ihm doch nicht entgehend: dem Puls, der die Adern durchheult: dem tückisch ankriechenden Würger, dem belauerten und doch immer wieder verfehlten, immer wieder überraschenden, der mich in den Kopfkeil hineinprankte und wieder verschwunden war, wenn ich hochschnellte aus meiner zwanzigjährigen Todesangst und nur dieses Herz da zurückgelassen hatte, das mir den Hals aufblähte und die Augen überschwemmte und mich nach irgendeiner Mutter oder irgendeinem Gott schreien ließ. Um Hilfe bettelnd: Helft mir doch, es ist Eure Pflicht, mir zu helfen, ich flehe Euch an, mir zu helfen.«

Mit ähnlicher Eindringlichkeit wie Steffen in seinem Roman *Rattenjagd* schildert Bertram seine frühen Erfahrungen mit dem Vollzug: »Wenn ein junger Mensch erst einmal für längere Zeit ins Gefängnis muß, hat er für sein ganzes Leben einen Schlag weg, von dem sich nur robuste Naturen erholen können. Jede Art von Freiheitsstrafe richtet Schaden an, man merkt es meistens selbst nicht, aber es ist so.«
Wessen Gefühlsleben einen »Schlag weg hat«, kann weichere Töne nicht mehr an sich heranlassen. Über das weihnachtliche Singen von Kinderchören im Gefängnis schreibt er, hier habe jeder Inhaftierte »eine

schwache Stelle, deren Berührung ihn in Zorn versetzt, oder an der auch der Zorn nicht mehr ausreicht, um die Wahrheit zu verbergen.«
Zorn statt sentimentaler Erinnerungen an eine Kindheit, die keine war. »Sie können einem Kind mit einem dunklen Zimmer für das ganze Leben Angst einjagen«, versucht er mir die Sache zu erklären.

Ich möchte Euch alle töten,
dann wäre ich nicht mehr allein.

Nachzulesen in Ernst S. Steffens Gedichtband *Lebenslänglich auf Raten*. Der Titel ist *Wunschzettel*. Das Gedicht beginnt mit den Zeilen: »Ich möchte Flugzeuge führen, oder Lokomotiven«. Die für jedes Kind normalen Wünsche: Wegkommen von hier. Hoch, weit, schnell. Kinderwünsche, nicken die Erwachsenen und lächeln wehmütig zu ihrem Sprößling hinunter. Wer wollte das nicht, wenigstens einmal in seinem Leben: Weg von hier. Weit weg.
Stände der folgende Wunsch aus Steffens Gedicht auf einem kindlichen Wunschzettel, so würde der Erwachsene allerdings aus der Fassung gebracht und der Ruf nach dem Psychiater der nächstliegende Einfall: »Ich möchte mich umbringen können.«

In der »Heilbronner Stimme« vom 11. Juli 1968 erschien ein Artikel über einen Strafgefangenen, der im Zuchthaus zum Lyriker wurde. Ich besitze die Zeitung noch. »Ungewöhnlich hohe Luftfeuchtigkeit«, lese ich gerade. »Heilbronn mußte gestern nicht nur unter subtropischen Temperaturen leiden, sondern zusätzlich trat große Schwüle auf. Die Besucherzahlen in beiden Freibädern betrugen... Heilbronner wurde im Zuchthaus zum Lyriker...«

Ein Lyriker? Das machte mich aufmerksam. In der Zeitung waren zwei Gedichte von ihm abgedruckt. Dazu hieß es: »Ernst S. Steffen ist vorbestraft. Das dürfte man ihm an sich nicht vorwerfen. Denn wenn einer seine Strafe verbüßt hat, darf ihm niemand mehr seine Straftaten vorhalten. So will es – mit gutem Recht – das gute Recht. Nur: daß Steffen viele Jahre hinter Gittern verbrachte, gehört zu der Geschichte. Die

Geschichte von Ernst S. Steffen ist, wie man sehen wird, eine ganz besondere Geschichte.«

Diesen Steffen sollten wir kennenlernen, sagte ich beiläufig zu meiner Familie. Er schreibt sehr gute Gedichte. Bei den subtropischen Temperaturen gingen wir vermutlich schwimmen.

Eine Woche darauf erschien in der Zeitung ein Leserbrief. Die enttäuschte Reaktion darauf, daß offenbar niemand auf den Zeitungsartikel geantwortet hatte.
»Heilbronn tuschelt – das ist alles.« Unterschrift: Ernst S. Steffen.
Das war doch der – den wir eigentlich kennenlernen wollten?

Diesmal raffte ich mich auf. Ich rief die Redaktion an und bat um seine Adresse.
Eine Gedichtzeile war mir im Gedächtnis geblieben, trotz der subtropischen Hitze und weitaus hartnäckiger, als der Artikel über den lyrischen Zuchthäusler:

> Ich vermute,
> ich bin nur provisorisch gemeint;
> irgendwann wird man mich
> zu Ende denken und
> dann bekomme ich
> diese Jahre zurück.

Einer, der sich nicht für vollendet hält. Wie wir, wie die meisten von uns. Wir sind nun mal so, wie wir sein müssen. Wenn wir Glück haben, sogar so, wie wir sein wollen. Aber dieser Ernst S. Steffen…

Ein Gedichtvers also hatte mich, entgegen meiner sonst mehr abwartenden Haltung und gewisser Bedenken wegen seiner Vorstrafen, aktiv gemacht. Jedenfalls beim zweiten Anlauf und nach Erscheinen seines Leserbriefes. Denn dieser Brief enthielt in knapper Form die Bedingungen, unter denen ein Leben so verläuft und nicht um so vieles anders, wie dasselbe Leben unter anderen Bedingungen hätte verlaufen können. Knapp gesagt, Steffen genügte ein Sätzchen: »Niemand fragte mich.«

Den Leserbrief vom 17.7.1968 möchte ich ungekürzt wiedergeben.

»Heilbronn – in dieser Stadt wurde ich geboren; hier überlebte ich den 4. Dezember 1944 (Zerstörung der Stadt durch Fliegerangriff, d. A.), den Einmarsch der Alliierten, Brennesselspinat, Zuckerrübensirup und Hamsterkartoffeln. Das ist lange her. Niemand fragte mich, ob ich Hunger habe.
Als ich 12 Jahre alt war, wurde ich ins Krankenhaus eingeliefert, weil mich mein betrunkener Vater halbtot geprügelt hatte; er hatte mich halbtot geprügelt, weil ich vor seinen Prügel davongegangen war aus Angst vor diesen Prügeln. Ich nächtigte damals in Kohlenschuppen und Ruinen und so. Auch das ist lange her. Niemand fragte mich, ob ich Schmerzen habe. Vom Krankenhaus weg wurde ich in ein Fürsorgeheim gebracht. Niemand fragte mich. Sie saßen hinter ihren Schreibtischen in Heilbronn und erledigten eine Sache i. Sachen Ernst S. Steffen. Und abends saßen sie in ihren Familien und gaben ein gutes Beispiel. Und später saßen sie in ihrer schwarzen Maskerade hinter dem großen Tisch mit ihren verständnisinnigen Blicken und ihren Onkelstimmen und ließen ›Gnade vor Recht‹ ergehen, weil dieses schäbige Bündel Ernst S. Steffen da vor ihnen in der schäbigen Fürsorgekleidung behauptete, er habe mit dem gestohlenen Motorrad nach Hause wollen. Nach Heilbronn nach Hause. Aber das galt selbstverständlich nur für dieses Mal, beim zweiten Mal war es ihm schon ganz deutlich gesagt worden, daß es so nicht geht. Beim zweiten Mal mußte ein ganz eindeutiges Exempel statuiert werden. Man hat auch schon in einer Jugendgerichtsverhandlung ein letztes Wort. Ich sagte als letztes Wort: Das ist doch alles ganz anders! Aber wahrscheinlich sagte ich es etwas zu umständlich, denn anschließend fragte mich der Staatsanwalt, ob ich wüßte, was Vernunft sei. Sonst fragte mich niemand etwas. Auch das ist lange her. 1954.
Ich könnte jetzt noch erklären, weshalb ich seitdem nur zweimal ein halbes Jahr in Freiheit war. Aber wer fragt danach! Dabei wäre es so

einfach zu begreifen, daß das gar nicht ich bin, und insoweit sind diese Fakten auch vollkommen unwesentlich. Das sind Tausende, die unaufhörlich an Eurer Gleichgütigkeit zugrunde gehen. Die in Heilbronn nach Hause zu kommen versuchen und dann einen 100 000-Einwohner-Wartesaal vorfinden, in dem die Barmherzigkeit heiße Würstchen offeriert und dann die Türen verriegelt.
Ich wollte es genau wissen, deshalb bat ich Rudi Fritz, Heilbronn in einem Zeitungsartikel mit meiner derzeitigen Stellung zu konfrontieren, um zu testen wieweit es mir mit dieser Offenheit gelingen würde, Anschluß an ein bürgerliches Dasein und Arbeit zu finden. Der Test verlief negativ. Ich bekam von wohlangesehenen Bürgern in meiner wohlangesehenen Heimatstadt Hausverbot, verlor eine Frau und bekam bis jetzt keine Arbeit.
Heilbronn tuschelt, das ist alles. Niemand fragt, wie es weitergeht. Ich habe die Möglichkeit, wieder fortzugehen, weil es viele wohlmeinende Menschen gibt, die sich meiner annehmen. Aber Tausenden bleibt in dieser Situation nur der Ausweg: zurück. Ein Psychologe nannte das einmal ›Flucht hinter Gitter‹.
Sie fliehen vor Euch! Und Ihr zeigt noch mit den wohlgewaschenen Fingern auf sie! Und heute abend kommt wieder ein Kriminalstück im Fernsehen.«
Ernst S. Steffen

Ich schrieb ihm eine Postkarte. Ob er Lust habe uns kennenzulernen? Wir seien eine große Familie, hätten Interesse für seine Probleme und beschäftigten uns außerdem mit Literatur.
Am Abend rief er an. Wir sahen gerade ein Kriminalstück im Fernsehen. Wir sehen gerade einen Kriminalfilm von Godard im Fernsehen, Herr Steffen. Mögen Sie ihn mit uns anschauen? Dann kommen Sie doch gleich, Linie Sieben bis …
Er kam nicht.
Am Anfang des Films spielten drei Ganoven Tot-Umfallen. Am Schluß des Films fielen sie in derselben Weise tot um.
Warum dieser Steffen wohl nicht gekommen ist?

Erwartet er etwa eine förmlichere Einladung?
Ich lud ihn schriftlich für Montag abend um acht zum Abendessen ein.
Er kam Sonntag Nachmittag um fünf.

Es war ein heißer Tag. Ich erholte mich gerade auf dem Balkon von einem Ausflug, lag auf dem Liegestuhl und las in einem Büchlein von Zbigniew Herbert. Es enthielt außer Gedichten auch Gedanken des Autors über Lyriker. »Ein Dichter gackert,« – so ähnlich hieß es da – »wenn er ein Gedicht hervorgebracht hat, wie eine Henne, die ein Ei...«
Mama – draußen sind zwei Männer!
Ich lief sonnenblind, Mattscheibe, in den dunklen Flur.
Er war mit seinem Bruder gekommen. Ich gab ihm die Hand: Guten Tag, Herr Henne.
Meine Tochter stieß mich in den Rücken. Als ich Steffen besser kannte, erzählte ich ihm, wie es zu dieser Begrüßung gekommen war. Wir hatten unsern Spaß daran.

Im Augenblick bat ich die Gäste verlegen ins Wohnzimmer, nehmen Sie bitte Platz. Einen Kriminellen hatte ich mir weder so gut aussehend, noch mit Umgangsformen vorgestellt. Einen Kriminellen? In unserer Mitte saß ein Dichter.
Wir hörten von Lesungen in Berlin: Steve-Club, Republikanischer Club, Kleine Weltlaterne. Eine Frau schrieb mir dann einen Brief...
Noch ein Glas Wein, Herr Steffen?
Sind alle Ihre Töchter so hübsch?
Er kannte Leute persönlich, die für mich Inschriften auf Buchdeckeln waren. Mein Umgang mit Buchstaben-Autoren bekam etwas Hoffnungsloses, beinahe Lächerliches: Und da sagte Martin Walser...
Jetzt ist mir klar geworden, sagte ich am Abend zu meinem Mann, was für eine Null ich bin.
Ich beschickte seit Jahren, vollkommen erfolglos, Verlage mit meinen Gedichten.
Hausfrau und Mutter in Heilbronn.
Steffen erfuhr weder, daß ich Gedichte schrieb, noch bekam er eine Zeile

zu sehen. Ich war überzeugt davon, daß meine Art zu schreiben für ihn manieriert war. Er mochte das Uneinfache nicht.
Später erfuhr er es doch, las auch einiges und enthielt sich jeden Urteils. Ich fühlte mich durchgefallen.
Sooft er jedoch meine Schreibmaschine zu Gesicht bekam, fragte er: Gedichtet?
Ja, und – wenn er mir Whisky einschenkte, sah er mich vielsagend an und meinte: Alle Lyrikerinnen trinken Whisky.
Bei meiner ersten Rundfunklesung aber rief er im Funk an und sprach mir Mut zu – besorgt und stolz wie ein Vater, dessen Kind die ersten Lorbeeren zu erringen im Begriff ist.

Weiß Gott, der Schriftsteller interessierte mich mehr als der ehemals Kriminelle.
Heute interessiert mich der Schriftsteller besonders in Hinblick auf den Kriminellen.
Hat seine Sonderstellung Steffen Vorteile gebracht?
Hat es überhaupt Sinn, aus seiner besonderen Lage Schlüsse auf die Lage anderer Strafgefangenen zu ziehen?

Als schreibender Häftling und als nicht – oder kaum – mehr schreibender Entlassener, setzte er sich der Kritik von zwei Seiten aus. Die eine traute dem Literaten nicht zu, den zum Schweigen verurteilten Gefangenen Gehör zu verschaffen. Es gehe ihm nicht darum, die Zustände im Knast aufzudecken, sondern auf sich selber aufmerksam zu machen, hieß es. Die andere Seite beurteilte ihn allein nach den Maßstäben der Literatur. Obwohl die Kritiken günstig ausfielen, konnten sie Steffen nicht lange darüber hinwegtäuschen, daß das, worüber er schrieb, dabei gar nicht ins Gewicht fiel.

Zuerst, während der Haft, muß es eine ungeheure Hoffnung gewesen sein, als dieses Mittel, die Literatur, Kontakt mit der Außenwelt herstellte. Seine Gedichte wurden beachtet! Ja, er hatte allen Grund, daran zu glauben, sie würden dort aufzurütteln vermögen, wo die Weichen

gestellt werden. Eine Lesung des Gefangenen vor Justizbeamten im Stuttgarter Theater der Altstadt fand starke Beachtung. »Hofnarr der Justiz« nannte er sich im Rausch des Erfolges und schrieb in kürzester Zeit vier Hörspiele, einen Roman und fast sämtliche der später bei Luchterhand verlegten Gedichte. Er erwartete ein öffentliches Interesse, wenn er erzählte, was im Knast los war und was der Entlassene empfindet, wenn er heraus kommt. Ein Programm für mögliche Änderungen bot er allerdings nicht. Er wollte auf Zustände hinweisen und er wollte zerstören, wie er immer wieder betonte: aufbauen können dann die.
Er wollte Begriffe zerstören: Strafe, Sühne, Buße. Er wollte Schläger sein: dazu hat man mich gemacht – , aber er bediente sich der Literatur. Sie hob ihn heraus aus der zum Schweigen verurteilten Menge, für die er sprechen wollte. Er gehörte schon nicht mehr dazu.

Steffen, warum hattest du bei der Fernseh-Diskussion dieses gräßlich gestreifte Hemd an?
Damit jeder gleich erkennt: da kommt der Ganove Steffen.
Wenn du glaubst, das nötig zu haben?
Der Held schlüpft ins Kostüm, witzelten wir. Er spielt die Rolle seines Lebens.

Er spielte die Rolle nicht.
Sie war ihm zugeteilt worden.
Sie war von einer Behörde für ihn ausgesucht und gut befunden worden. Für einen Jungen, der auf Handwagen und Schlitten abenteuerliche Fahrten wagte, dem nichts aufregend und verwegen genug sein konnte, hielt das Jugendamt die Langeweile und das Eingesperrtsein in Erziehungsheimen für richtig und wunderte sich dann, daß die Erziehung nicht anschlug. Ein notorischer Ausreißer.
»Ich könnte jetzt noch erklären, weshalb ich seitdem nur zweimal ein halbes Jahr in Freiheit war...«

Da sitze ich nun an meinem Schreibtisch wie die an ihren Schreibtischen in Heilbronn, als sie »eine Sache in Sachen Ernst S. Steffen« erledigten.

Fern dem Geschehen versuche ich zu begreifen. Das Begreifen sollte schon hinter mir liegen, aber ich bin, während ich schreibe, mitten in diesem Prozeß. Die Lage eines Gefangenen kann ich aus eigener Anschauung nicht beurteilen. Bleiben Steffens Bücher. Bertrams Briefe.

Aber etwas kann ich beurteilen, das ist meine eigene freie Stellung in Bezug zu ihnen. Darüber hatte ich früher nicht nachgedacht. Heute erkenne ich in der Existenz der Gefangenen die Fragwürdigkeit meiner eigenen freien Existenz. Sie ist nicht frei, nur verhältnismäßig freier. Ist das mein Verdienst? Wenn ich bisher nicht gegen Gesetze verstoßen habe oder bei einer Übertretung ertappt worden bin, so war es – ja, was war es denn? Mein besserer Charakter, oder waren es die besseren Verhältnisse, in denen zu leben ich das Glück habe?
Zusammenhänge, für die ich durch die Bekanntschaft mit Steffen einen Blick bekam. Und über die mich der Briefwechsel mit Bertram weiterhin aufklärt. Er liest viel und zieht seine Schlüsse:

»Der leibhaftig frustrierte Mensch gleicht sich selber innerlich aus, indem er seiner gedrückten Libido das Ventil der Aggression öffnet: Entweder, indem er verbrecherisch, das heißt auf eigene Faust die sittliche Ordnung gefährdet oder gar Gewaltakte verübt – oder indem er sich deutlich als ein Teil jenes Volkes empfindet, in dessen Namen die Gerichte bestrafen.«

Sie machen es sich zu einfach, schrieb ich zurück. Es wäre traurig um die Menschheit bestellt, wenn es nichts anderes als Losschlagen und die Reaktion darauf gäbe.
Aber ich dachte darüber nach. Vielleicht müssen wir begreifen, daß wir Menschen miteinander zu tun haben. Probleme, die wir fern von uns in einer anderen Lebenssphäre glauben, sind in Wirklichkeit unsere eigenen. Wenn Richter und Angeklagte sich als in einem Boot begriffen, würde aus dem Strafvollzug eine Art Bildungsstätte zum Erlernen der Mitmenschlichkeit. In der Massenunterkunft Knast? Umdenken, hat Steffen gesagt. Ich stelle mir vor, daß Strafen kürzer werden müßten,

und die Unterbringung in Wohngruppen erfolgt, auch wenn auf Sicherung nicht verzichtet werden kann.

Meine Vorstellungen von einem humanen Strafvollzug nennt Bertram blauäugig. Die »Hoffnungslosigkeit, das negativste aller Erlebnisse«, sei die notwendige Voraussetzung der Einsicht in die eigenen Fehler.
»Das negativste aller Erlebnisse...« soll förderlich sein? Nein, antwortete ich ihm aus meinem von keiner Haftstrafe versehrten Verständnis heraus, Negatives kann keine positiven Konsequenzen haben. Allenfalls richtet sich der Hoffnungslose daran auf, daß es anderen noch schlechter geht als ihm.

»Sehen Sie doch die Realität«, sagte Steffen in einem Artikel zum Strafvollzug. »Glauben Sie, daß ein Primitivling, dem nur ein dumpfes, unverstandenes Schuldgefühl suggeriert wurde, als Mensch wächst?«
Ein »Primitivling« ist Bertram gewiß nicht. Er nutzt die Weltabgeschlossenheit der Zelle, um über sein Maß an Schuld nachzudenken. »Eigentlich ist es kein Wunder, daß mir manches im Leben daneben gegangen ist. Es liegt an meiner Unfähigkeit, das Leben so zu leben, wie es Menschen leben sollten. Körperlich sind wir zwar keine Kinder mehr, aber noch immer voll Hunger nach jener menschlichen Teilnahme, die wir nie erfahren haben und auf normalen Wege nie erfahren werden. So jagen wir ihr auf Wegen nach, die vom Normalen abweichen.«

»Was soll ein Gefangener denken, wenn ihm ständig eingeredet wird, daß nicht er, sondern die Gesellschaft an seinen Straftaten schuld ist«, fragt der Baden-Württembergische Justizminister Bender (B.Z. 3.11.72). Damit ist der antiautoritäre Trend der jungen Leute gemeint, die die noch im Nazideutschland verwurzelte Elterngeneration analysieren und ihr – und damit dem »Machtapparat des Staates« – die Ursache der steigenden Kriminalität anlasten.

Mit antiautoritären Theorien konnte Steffen nichts anfangen. Schuld nannte er die »strengste Intimität« eines Menschen. Die juristische

Zumessung der Schuld lehnte er dagegen strikt ab. »Nicht weil das bequem für mich wäre. Ich habe auf diesem Begriff vielmehr herumgebissen, seit man ihn mir im jugendlichen Alter zwischen die Zähnchen steckte.«
Seine Gedanken zum Strafvollzug (hier in dem Buch *Herausforderung an die Zukunft*, Kurt Desch Verlag 1970) wurden wenig beachtet. Er betonte, er selber habe kein Programm, weil der Vollzug von Grund auf falsch sei. Er nennt ihn einen Mülleimer. »Kann der Mensch darin etwas anderes, als gefährlicher werden?« fragt er. »Ich habe in all den Jahren Haft keinen Eurer Bilderbuchverbrecher getroffen. Aber ich traf Unglückliche, seelisch Verkrümmte, Psychopathen meinetwegen, und ich traf Menschen, um die es schade ist! Und all denen wäre zu helfen.«

Nach Steffens Meinung wäre ihnen zu helfen, wenn nicht unter dem Aspekt der Schuld untersucht würde, sondern dem einer möglichen Änderung. Dann verlagerte sich das Gewicht der juristischen Überlegungen von Strafe auf Korrektur. Aber er glaubt nicht daran, daß ernstlich nach Wegen gesucht wird, den unheilvollen Kreislauf Strafe – Tat – Strafe zu unterbrechen:
»Wenn die Entlassenen dann wieder vor dem Mann mit der ›schwarzen Maskerade‹ stehen, dann redet der von Schuld. Ein Teil von ihnen begreift erst nach dem dritten, vierten Mal, wie er das meint. Sie nehmen sich dann vor, nie mehr erwischt zu werden. Dem einen oder anderen gelingt es – wenn er sich rechtzeitig erschießen läßt.«

Und wieder kann ich Bertram heranziehen, der mir die Sache auf seine Weise erklärt:
»So ergibt sich, daß der Anständige geradezu des Gesetzesbrechers bedarf, nicht nur, um im Unterschied zu ihm den Begriff seiner eigenen Rechtschaffenheit zu gewinnen, sondern auch um im Verbrecher ein Ziel für verdrängte Affekte zu haben. – Wenn es keine Gesetzesbrecher mehr gäbe, die heute noch Selbstgerechten selber müßten dann zu Verbrechern werden.«
Die Selbstgerechten!

Auch wir bekamen sie zu spüren. Die »wohlgewaschenen Finger«, von denen Steffen in seinem Leserbrief schrieb, deuteten auch auf uns, eine Familie, die mit einem Vorbestraften Umgang hatte. Zunächst in Form einer Warnung: ob uns die Konsequenzen einer solchen Bekanntschaft klar seien? Wir hätten heranwachsende Kinder im Haus. – Und ob wir uns über die Art seiner Straftaten informiert hätten? Zuchthausstrafe, wollte man uns glauben machen, stände nur auf einem Kapitalverbrechen. Vom sich steigernden Strafmaß für Rückfalltäter war nichts bekannt.

Auch uns war nichts davon bekannt. Aber ein Kapitalverbrechen – nein, das trauten wir Steffen nicht zu. Wenn man ihn näher kennt, argumentierten wir, weiß man besser über ihn Bescheid, als eine Liste seiner Vorstrafen aussagen kann.
Das ist doch kein Argument.
Wir hatten weder Argumente, noch hatten wir Vorstellungen, was weiter geschehen sollte. Wir wollten sein Vorleben nicht zur Kenntnis nehmen und mit ihm verkehren, wie mit anderen Leuten auch. Das schien uns selbstverständlich.

Anderen nicht.
Und weil es nicht für alle selbstverständlich war, konnte es das auch für uns nicht bleiben. Ja, die selbstverständlichsten Dinge waren es bald nicht mehr. Was uns immer einfach erschienen war, wurde plötzlich schwierig. Der Umgang mit anderen Familien. Die Freundschaften der Kinder untereinander. Dabei hatten die Kinder weniger Schwierigkeiten als wir Eltern, sie waren unbefangener. Ich dagegen, hasenfüßig auf der Flucht vor Anwürfen aller Art, suchte nach Entschuldigungen für unseren neuen Freund und damit auch für uns. Nach Abbüßung einer Strafe, meinte ich, ist ein Mensch durchaus in der Lage, ein Leben in Wohlanständigkeit zu beginnen. Er war schließlich – so konterte ich Warnungen, wie die eben beschriebenen – schon seit einem halben Jahr in Freiheit und nicht wieder straffällig geworden. Und außerdem war er ein Dichter.

Der Dichter war ein äußerst fragwürdiger Beweis für Wohlanständigkeit. Und der Dichter als Beweis für meine These »Strafgefangene sind doch gar nicht so« taugte schon deshalb nicht, weil er die Ausnahmestellung dieses Ex-Häftlings dokumentierte. Heute bin ich anderer Ansicht und behaupte, daß gerade in seinem Falle der Dichter das Paradebeispiel dafür ist: Ausnahmen gibt es nicht. Nach langjähriger Haft kommt ein Dichter genauso wenig mit seinem Leben zurecht, wie jeder andere Anstaltsentlassene.

Ein neues Leben in Wohlanständigkeit: da lernten wir nun diesen wohlanständigen Steffen kennen und gaben Stück für Stück der eigenen Wohlanständigkeit auf. Das Gehäuse »Wohlanständigkeit«, hinter dem sich Ehrsucht, Geltungsdrang, Besitz- und Machthunger vor den Blicken schützen. Auch vor den eigenen Blicken.
Er hat uns mehr beigebracht, als wir ihm – darauf läuft unsere besondere Steffen-Geschichte hinaus.

Sie hatte also begonnen und ging weiter. Vielmehr: sie überschlug sich, purzelte, stieg und fiel.
Die Zeit der Unruhe hatte begonnen.
Ich bringe Ihnen nur Unruhe, sagte Steffen.
Komisch, wohin ich auch komme…
Er hatte sich in die Freundin unserer Tochter verliebt.
Mein erster Gedanke: Gut, daß es nicht die eigene Tochter ist.
Der zweite: Wenn es wenigstens die eigene Tochter wäre…
Die Verantwortung für das uns anvertraute Mädchen belastete mich schwer. Verantwortung bleibt zwar Verantwortung, ob dem eigenen Kind, ob dem fremden gegenüber. Aber ich wurde von Eltern zur Verantwortung gezogen, die nicht wie ich den Grund ihrer Sorge persönlich kannten, und die auch keinen Wert darauf legten, ihn kennenzulernen. Sonst hätte vielleicht ihre Sorge in dem Maße abgenommen, wie sie entdeckt hätten, daß hinter dem Klischeebild »Zuchthäusler« ein Mensch steckte, der, wenn er das Vertrauen anderer Menschen fühlt, dieses Vertrauen nicht verletzen würde.

Ich hielt es für meine Pflicht, die Eltern des Mädchens über den jungen Mann zu informieren, den es bei uns kennengelernt hatte, für meine »wohlanständige« Pflicht. Keineswegs sicher, ob das, was ich für meine Pflicht hielt, richtig war. In der Erziehung meiner Kinder hatte ich zu wissen geglaubt, was falsch und was richtig war. Meine Auffassung von Recht und Unrecht entsprach allgemein anerkannten Richtlinien. Jetzt hielt ich mich an die allgemeinen Richtlinien und fühlte mich erbärmlich. Verszeilen von Hölderlin schossen mir durch den Kopf – an einige Zeilen erinnere ich mich, denke ich an diese erste Verunsicherung zurück: »Da wir's taten, warum schreckte, wie Mord, die Tat?« Und – unter dem Titel *Das Unverzeihliche* – : »Doch stört nur / Nie den Frieden der Liebenden.«
Bezeichnend für mich, wenn Lyrik sich einstellt wie ein Bibelspruch. Der Dichter wußte, was gestörte Liebe ist. Er hat darüber den Verstand verloren. Welch Glück für ihn, daß seine Zeit noch nicht so bürokratisch organisiert war, wie die unsere. Er lief noch im Wahnsinn unbehelligt in Tübingen spazieren. Wo fände sich heute ein menschenfreundlicher Schreiner, der dem wirren Geist ein würdiges Quartier einräumte? In unserer Zeit wäre Hölderlin die Anstalt sicher.

Ich tat also meine Pflicht.
Rief die Eltern des Mädchens an, wollte es geschickt machen, eine beiläufige Erwähnung und: der junge Mann ist durchaus vertrauenswürdig. Ein Schriftsteller, brachte ich als Trumpf hervor. Schonender kann man eine Katastrophe nicht vorbereiten.
Die kaum im Entstehen begriffene Beziehung wurde abgebrochen. Das junge Mädchen bekam Ausgehverbot und durfte uns nicht mehr besuchen.
Ich bekam Vorwürfe.
Von den Eltern des Mädchens: Sie haben unser Vertrauen enttäuscht. Wir konnten nicht damit rechnen, daß unsere Tochter in Ihrem Hause mit derartigen Elementen in Berührung käme.
Von meinen Kindern: Du hast sein Vertrauen enttäuscht. Gerade jetzt, wo der Ernst anfängt wieder Boden zu gewinnen, nach all den Rück-

schlägen hinsichtlich Frauen.
Mein Mann stand mir zur Seite, wie stets, wenn ich in Konflikte gerate.
Du wußtest, was du tun mußtest, sagte er, sonst hättest du es nicht getan. Und nun mußt du zu deiner Entscheidung stehen, sonst machst du dich kaputt.
Etwas Ähnliches sagte auch Steffen.
Sie konnten nicht anders handeln, Sie hatten ja gar keine Wahl.
Ich traute kaum meinen Ohren: Er machte mir keine Vorwürfe.

Ich hatte befürchtet, er würde jetzt nicht mehr zu uns kommen, aber er kam jetzt fast täglich.
Wir verstanden ihn täglich besser und manchmal verstanden wir ihn überhaupt nicht. Seine Stimmung schwankte zwischen obenauf und ganz unten.
Unsere Stimmung schwankte mit.
Was ist nur heute wieder mit dem Ernst los?
Manchmal sprach er kaum.
Dann wieder hatte er eine Art, sich selbst herauszustellen, gegen die wir Sturm liefen: Was bildet der sich eigentlich ein?

Allmählich kamen wir hinter den Zusammenhang zwischen seiner unausgeglichenen Gemütslage und seinem angeschlagenen Selbstbewußtsein. Er mußte es täglich neu aufbauen, denn schon eine Kleinigkeit genügte, es einstürzen zu lassen. Immer wieder mußte er sich und uns erzählen, was er doch für ein Kerl sei, und er fühlte sich weniger gekränkt, als unverstanden, wenn wir ihn eingebildet nannten.
Du gibst aber mal wieder an!
Eine Frau, kaum hatte sie ihn erblickt, habe um seine Adresse gebeten und schicke ihm lange Briefe: Ich müßte ihr eigentlich auch mal schreiben.
Eine ihm unbekannte Dame, erzählt er ein andermal, habe ihm eine Weintraube geschenkt. Er sah uns erwartungsvoll an.
Tragt Früchte wie der Weinstock?
Sie fand meine Gedichte wirklich gut.

Nicht immer ging Steffen auf unseren Ton ein.
Unseren Neckereien begegnete er mit versteckter Wachsamkeit, selbst in den heitersten Augenblicken.
Wir brauchten Zeit, um uns mit seinen Eigenheiten vertraut zu machen. Da stimmte vieles mit vielem nicht überein. Er konnte unverschämte Blicke werfen, verschämt und voller Angst.
Ein kräftiger Mann vom Typ des Draufgängers?
Er war anfällig gegen jeden Schnupfen. Keine Grippenwelle ging an ihm vorüber. Und mit der körperlichen Ausdauer war es nicht weit her. Beim Ballspielen – mit Vehemenz und Begeisterung wurden Kämpfe in unserem langen Wohnungsflur ausgetragen – sah er nach kurzer Zeit erschöpft aus, blaß und verschwitzt und wollte doch nicht aufgeben. Er schätzte seine Kräfte falsch ein. Einmal nahm er unsere damals neun und zehn Jahre alten Jüngsten auf den Arm und trug das zappelnde und kreischende Paket ins Kinderzimmer. Danach saß er still herum und ging bald. Was war denn mit ihm? Ist er krank?

Mehr noch als die körperlichen Anstrengungen warfen ihn Aufregungen um. Er half sich mit Alkohol. Und mit Tabletten. Schon eine Lesung, erst recht eine damit verbundene Reise, brauchte Mut in Form von Whisky, aber ihr habt doch Cognac da? Ich besorgte grundsätzlich keinen Whisky, Cognac hielt ich für harmloser, eine Art Hausmedizin. Ein bemerkenswerter Beitrag für unser körperliches Wohlbefinden! Immerhin kompensierte ich die Sache mit Rohkost. Steffen hatte einen unersättlichen Appetit darauf. Salat, Obst, Paprika, Tomaten auf dem Tisch waren ihm lieber als Fleisch.

Später, als er keine Rohkost mehr essen durfte –
Das Magengeschwür!
Anfangs bildete er sich ein, es sei Krebs, was ihm solche Beschwerden verursachte. Er ließ sich tagelang nicht blicken. Freunde riefen bei uns an und fragten nach ihm.
Plötzlich stand er freudestrahlend in der Tür. Der Befund sei negativ. N u r ein Magengeschwür. Das mußte gefeiert werden…

Seelisch und körperlich kaputt, wir machten uns das nicht klar. Vielleicht war es gut so. Ihn darauf anzusprechen, wäre wohl das Letzte gewesen, was ihm geholfen hätte. Solange Freiheitsstrafen Schaden anrichten, werden wir mit diesem Schaden in unserer Mitte leben müssen.

Ich erinnere mich an Steffens Reise zu einer Dichterlesung. Ob nach Marburg oder nach Recklinghausen – jedenfalls sollte er morgens um 11 Uhr abfahren und klingelte um 12 an unserer Wohnungstür.

Ernst, Menschenskind, hast du etwa die Zeit verschlafen?

Nein. Komisch, ich konnte irgendwie nicht.

Wir brachten ihn dann zum nächsten Zug und zogen ihn auf wegen seines Bahnabteils erster Klasse. Wenn die mir das bezahlen?

Du bist ihnen eben viel wert.

Steffen lehnte sich ins Polster zurück und zündete sich eine amerikanische Zigarette an.

Am Abend Telefon. Ernst, bist du es? Alles okay?

Mädchen sind hier…

Ein Hoch zwischen zwei Tiefs. Wir atmeten auf.

Die erste Zeit mit Steffen war für uns, die wir bis dahin verhältnismäßig ruhig vor uns hingelebt hatten, ein Dauerstreß.

War unglückliche Liebe der Auftakt, so folgte jetzt eine Zeit, von der ich später meine, er holte seine nicht gelebte Pubertät nach. Damals, mit den Ereignissen konfrontiert, dachte ich weniger an die Ursachen, als daran, wie ich mich verhalten sollte. Ständig vor Entscheidungen gestellt und bemüht, Schlimmeres zu verhüten. Steffen, beschwor ich ihn, man muß Rücksicht auf andere Menschen nehmen.

Nimmt auf mich etwa jemand Rücksicht?

Das Verbot, sein Mädchen wiederzusehen, schien seinem Bedarf an Romantik, dieser nie erlebten Gefühlswelt eines Fünfzehnjährigen, entgegengekommen. Er schlich nachts um ihr Haus. Er stand unter ihrem Fenster. In ihrem Fenster, erzählte er uns, war Licht. Mir war, als habe sich die Gardine bewegt.

Steffen, das Mädchen braucht seine Ruhe. Es kann nicht ständig in Beunruhigung leben.
Beunruhigung? Und ich?
Er durchblätterte unsere Fotoalben nach ihrem Bild.
Mach bloß keine Dummheiten, sagten unsere Kinder. Sonst bist du wieder dran.

Wieso – ich mach doch nichts.
Er konnte sich nicht vorstellen, wie einem Ehepaar zu Mute ist, dem nachts der Umriß eines fremden Mannes vor der schlafzimmerlichen Terrassentür erscheint.
Er ließ sich am Kragen nehmen: Was haben Sie hier zu suchen und wer sind Sie überhaupt?
Ich bin nur ein Vagabund aus Böckingen.
Wir werden Sie anzeigen.

Bitte, bat ich, als mir anderntags die Sache zu Ohren kam, sehen Sie von einer Anzeige ab und geben Sie ihm noch eine Chance. Er ist kein hoffnungsloser Fall, aber eine neue Verurteilung würde ihn zu einem solchen machen.
Man hatte ein Einsehen.
Aber nur noch dieses Mal. Es darf nichts mehr vorkommen. Man ist ja seines Lebens nicht mehr sicher, wenn diese unglücklichen Menschen frei herumlaufen.

Wir fragten unseren unglücklichen Menschen, was er sich denn dabei gedacht hatte, nachts auf eine fremde Terrasse zu steigen.
Nichts. Ich stand da plötzlich. Vielleicht wollte ich sie auch befreien. Warum sperren sie ihre Tochter ein.
Seine Augen blitzten auf, abenteuerlustig und voll Stolz.
Der Kerl ist auch noch stolz auf den Mist, den er baut. Nein, wirklich, Steffen, das ist gerade noch gut gegangen und jetzt darf nichts mehr passieren.
Was ist denn jetzt schon wieder passiert?

Manchmal waren wir sauer. Kaum kam ihm eine Idee, ging er auch schon an die Ausführung. Keine Pause zum Überlegen, kein Um-Rat-Fragen. Wir hätten doch erstmal darüber sprechen können... bevor er randvoll und ohne Führerschein durch die Stadt brauste.

Na also.
Solche Leute sind gemeingefährlich.
Als Steffen endlich den Führerschein bekam, atmeten wir auf. Mit dem Schwarzfahren stand er ständig mit einem Fuß im Knast. Warum er das Schwarzfahren nicht ließ, obwohl es das Ende der Freiheit bedeuten konnte?
»Da ist ein Mann, der einen Porsche fahren möchte. Der Porsche ist teuer. Der Mann hat kein Geld, will aber trotzdem Porsche fahren. Nur einmal wenigstens. Nur ein bißchen. Dann fährt er einen Porsche. Der Richter sagt ihm danach, daß dies nicht richtig war« – so beschreibt er die Sache in der Anthologie *Bewußtsein hinter Gittern*.

Wie es weitergeht mit dem Porschefahrer? Er wird folgendermaßen »behandelt«:
»Er kommt zunächst in die Kleiderkammer, wo ihm seine Kleider abgenommen werden. Danach wird sein Haar, seine Achselhöhlen und überhaupt Haar nach Bewohnern durchforscht, was in der Regel mit einer 100-Watt-Lampe geschieht, und sein After auf verborgene Waffen untersucht – eine erste intensive Förderung seiner Selbstachtung. Er wird dann in eine Zelle verpackt, wo in der Regel noch zwei weitere Porschefahrer an ihrer Erziehung leiden und ihre Selbstachtung als Paravent benützen, wenn sie auf dem Klo in der Ecke sitzen.«

Nicht daß er »ein bißchen Porsche« fahren wollte, macht die Aufnahme eines ehemaligen Häftlings in den trauten Familienkreis problematisch, sondern seine Knastvergangenheit. Der extreme Zustand des von der Gesellschaft Weggeschlossenen läßt ihn beim Wiedereintritt in diese Gesellschaft, wie ein Taucher, der wieder an die Luft kommt, extrem empfindlich reagieren – oder auch überreagieren.

Zur Einstimmung in die Gemütslage des Gefangenen in der »niedersten Daseinsform, die ein Bürger in der Bundesrepublik Deutschland einzunehmen gezwungen werden kann« dient Steffens Beschreibung einer Arrestzelle in seiner authentischen Erzählung *Rattenjagd* auf den Seiten S. 95–97. Die lähmende Genauigkeit der Beschreibung veranschaulicht die Seelenlage des Arrestierten:

»Das Innere des Turmes ist kreisrund, mit einem Durchmesser von ca. vier Meter. Es ist durch eine etwa fünfzig Zentimeter starke Zwischenwand in zwei Halbkreise aufgeteilt, der hintere dient als Arrestraum; der vordere als Vor- und Abstellraum.

Zum Vorraum gelangt man durch eine Stahl- und eine Holztür; dieser ist vom Arrestraum wiederum durch zwei Türen getrennt, die innen liegende ist mit Stahlblech beschlagen. Die Höhe des Turminneren beträgt ca. 3,5 Meter. An der Stirnseite des Vorraums ist unter der Decke ein Klappfenster eingelassen, dessen oberer Flügel um etwa fünfzig Grad nach innen geöffnet werden kann, wodurch sich zwischen oberem und unteren Rahmen ein ca. 1,5 Zentimeter breiter Spalt auftut, durch den in der Breite des Fensters das einzige direkte Tageslicht einfällt, da die Scheiben des Fensters aus mattem Drahtglas und, da vollkommen verschmutzt, undurchsichtig sind. Die Breite des Fensters beträgt ca. 1 Meter und 20 Zentimeter; die Höhe ca. 1 Meter. Vor dem Fenster ist ein Maschendraht und ein Gitter angebracht. Rechts und links des Fensters verläuft die Decke des Vorraums schräg abwärts, so daß das Fenster wie in einer Mansarde in die Schräge eingebaut zu sein scheint. Diese Schräge ist bis auf Schulterhöhe mit schallschluckendem Material verschalt. Das Fenster kann ebenfalls mit einer Zwei-Zentimeter-Sperrholzplatte in Klappangeln hermetisch abgeschlossen werden; das Innere der Sperrholzplatte ist mit dem gleichen Material in einer Stärke von ca. 1,5 Zentimeter verschalt. Im Vorraum befinden sich rechts unterhalb des Fensters eine elektrische vergitterte Leuchte, weiter rechts ein Wasserhahn mit Becken, an der Zwischenwand, in der Mitte, ein Klappkasten, in dem eines der drei Matratzenteile und die Decken aufbewahrt werden; die zwei anderen Matratzenteile stehen gegen die Wand gelehnt auf dem Fußboden. Rechts neben dem Klappkasten ist ein kleines

Handrad, an dem die Klosettspülung des Arrestanten von außen betätigt wird; im Inneren des Arrestraums kann die Spülung nicht betätigt werden. Am linken Ende der Zwischenwand ist der Eingang zum Arrestraum. Der Arrestraum ist ausgestattet mit einer Holzpritsche entlang der Zwischenwand und einer einzementierten Klosettschüssel am unteren Ende derselben. Die Holzpritsche ist auf einem ca. 25 Zentimeter hohen Betonsockel verankert. Sie selbst ist aus ca. 5 Zentimeter starken Eichenbohlen gefügt, mit einem Eichenholzkopfkeil zur Tür hin. Ihre Breite ca. fünfundsiebzig Zentimeter; Länge ca. 1 Meter und 80 Zentimeter. Der Fußboden ist aus Beton. Die Wände sind in Brusthöhe gelb-beige gestrichen, darüber weiß gekalkt. An der Zwischenwand befindet sich über der Pritsche ein ca. 1 Meter 20 Zentimeter breiter und 1 Meter 75 hoher Durchbruch zum Vorraum, der mit einem Eisengitter und einem Drahtgitter gesichert ist. Das schräge Sims dieses Durchbruchs dient als Ablage für Brot und Trinkbecher etc.
Gegenüber des Klosetts hinter einem Stahlblech mit kreisrunden kleinen Öffnungen auf einer Ebene mit der Wand: Heizung.
Auf Wunsch wird eine Bibel ausgehändigt.«

So weit Steffens akribisch genaue Beschreibung einer Arrestzelle in der Strafanstalt Bruchsal des Jahres 1964. Ich hätte sie gern gekürzt, um mir das langweilige Abschreiben und Ihnen das langweilige Lesen zu ersparen, aber das erschien mir ungerecht gegenüber der Langeweile und Ödnis des Arrestanten. Bertram faßt sich kürzer:
»Meine Zelle ist ein olivgrün getünchter Raum mit Tisch, Stuhl, Schrank und Bett, ich hasse ihn.«

Die Toilette, mit der den Raum zu teilen sich manche dieser »Parias« einfach nicht gewöhnen können, hat Bertram in seiner Aufzählung zartfühlenderweise unterschlagen.
Bei Steffen nimmt sie den Raum ein, der ihrem aufdringlichen Vorhandensein gebührt. Ein anderer Ausdruck für Zelle ist: Wohn-Klo. Ansprüche in Bezug auf Hygiene und Ästhetik – bei Kriminellen? Bei diesen hartgesottenen Burschen?

Die zweimal täglich von außen betätigte Wasserspülung hat den jungen und daher noch empfindlichen Arrestanten in Steffens Bericht veranlaßt »den Stuhlgang den ganzen Arrest hinweg zurückzuhalten, um danach hinauszuwanken wie ein Besoffener, und abends im Bett ein wahnsinnig gewordenes Karussell zu fahren und von da an nur noch mit diesem elektrischen Schlag durch den Organismus einzuschlafen...«
»Merkt Ihr denn gar nicht, was Ihr uns antut?
Ein einziger Denkvorgang würde Euch zeigen, daß Menschen, denen man die Selbstachtung nimmt, sich immer werden schlagen müssen!«

Dieser Satz auf Seite 70 der *Rattenjagd* ist Steffens Vermächtnis. An die Justiz gerichtet und ebenso an uns alle. Geschrieben aus Verzweiflung und ohne Hoffnung, damit irgend etwas zu bewirken. Wenige Sätze weiter sagt er: »Ich bin müde. Hat es überhaupt Sinn, das alles zu schreiben? Und welchen Sinn soll es haben? Und niemand, den ich fragen könnte. Alles leer. Leergebrannt. Ausgelöscht. Auch das bisher Gesagte ausgelöscht. Mein Gedächtnis eine Schiefertafel, über die die Ereignisse wischen.«

Wir, die normal-bundesbürgerliche Familie, hatten keine klare Vorstellung von der Gemütsverfassung eines Gefangenen. Je vertrauter uns Steffen wurde, desto weniger verstanden wir seine Eigenheiten. Zum Beispiel sein Bedürfnis nach einer gepflegten Umgebung. Er war ein Ästhet, äußerst penibel was Sauberkeit anbetraf.
Der Ernst kommt, hängt mal ein frisches Handtuch ans Waschbecken!
Die Kinder machten sich über ihn lustig.
Ein komischer Vogel. Geradezu spießig.
Wo hat er das bloß her?
Aus dem Knast etwa?

Er mähte den Rasen um unser Wochenendhaus.
Seht euch mal meinen Rasen an!
Unsere beiden Jüngsten krönten sein Werk mit Wolken von Seifenblasen.

Moment, sagte Steffen, ich hab da eine Idee. Er steckte Kerzen ins frischgeschnittene Gras und illuminierte das Ganze. Musik, Wein, ein Sommerabend.
Später kam er oft diesen Abend zurück: Das war doch schön damals.

Eines Tages fragte er, ob er in das Wochenendhaus einziehen dürfe. Er wolle eine Zeitlang allein auf dem Lande wohnen. Vielleicht, meinte er, kann ich dann wieder schreiben.
Wir mußten ihm erzählen, daß wir im Begriff standen, das Haus zu verkaufen. Wir hatten schon Interessenten dafür.
So etwas verkauft man doch nicht.

Er verzieh uns diesen Verkauf nie.
Aber er verzieh uns so vieles.
Ich war unbedacht genug, ihm von einem Telefonanruf zu erzählen. Jemand hatte sich beklagt, sein Sohn sei bei uns in schlechten Einfluß geraten. Ein Witz, nicht?
Steffen kam ein paar Tage lang nicht.
Hatte er mich falsch verstanden? Er war doch nicht damit gemeint.

Ob er beleidigt ist? – Wir waren oft unsicher.
Unsere Jüngste spielte »Frisieren«. Sie kämmte ihm eine Haarsträhne in die Stirn.
Mensch, du siehst ja aus wie ein Verbrecher!
Wie er es wohl aufnimmt?
Er lachte.

Diese und ähnliche Situationen entstanden nicht, weil wir den Häftling in ihm sahen, sondern weil wir den Häftling vergessen hatten.
Man vergißt völlig, daß er mal gesessen hat, und das ist doch gut so, oder etwa nicht?
Wir wurden daran erinnert.
Ihr werdet schon noch merken, was ihr euch da eingebrockt habt mit euerm Steffen.

Ihr wißt nicht genau, wofür er im Zuchthaus war? Ihr seid es euern Kindern schuldig, darüber Erkundigungen einzuziehen.
Zu helfen ist solchen Existenzen sowieso nicht, darüber sollten Sie sich keine Illusionen machen.
Er ist Dichter? Sind Sie sicher, daß die Gedichte von i h m sind? Solche Leute schrecken ja vor nichts zurück.
Solche Leute werden ja gewöhnlich Schriftsetzer.
Sie sollten diesen Menschen fallen lassen. Andernfalls müssen wir unsere Konsequenzen ziehen...

Die Konsequenzen lernten wir kennen.
Ich war perplex, als ich zum ersten Mal von Bekannten nicht mehr gegrüßt wurde.
Weil Steffen bei uns aus und ein ging? Vielleicht auch weil wir uns verändert hatten. Eine Familie, von der man sich ein ansehnliches Bild gemacht hatte. Und jetzt?
Unsere Stereomusik war zu laut, und der Neunjährige spielte auf dem Rasenstück zwischen den Häuserblöcken Fußball, und wir parkten unser Auto zu dicht und einmal drückten wir versehentlich abends auf die Hupe und unsere Tochter lief barfuß und manchmal standen Motorräder vor dem Haus.

Eltern riefen an und beklagten sich über das häufige Bei-uns-Sein ihrer Kinder.
Die achtzehn, zwanzig-jährigen »Kinder« zogen durch die umliegenden Schrebergärten, ein loser Haufen. Haare bis auf die Brust, Mäntel bis auf die Füße. Die Musik war auch dabei – eine Ziehharmonika mit Schnauzbart und violettem Hut. Und Steffen: korrekt gekleidet mit frischgeschorenem Hündchen.
Das war schon spät: Sommer 1970.

1968 hofften wir noch mit ihm von einer Hoffnung auf die andere. Da waren verzweifelte Momente noch verzweifelte Momente zwischen zwei Hoffnungen.

Wie bei jenem Anruf aus der Setzerei.
Ich nahm den Hörer ab. Stille.
Wer ist denn am Apparat?
Steffen – sind Sie's?
– –
Ich kann nicht mehr.
– –
Aber Steffen – bitte, glauben Sie mir – es geht. Es muß gehen. Heute abend sprechen wir über alles. Halten Sie die paar Stunden noch durch!
Stille.
Steffen? Hören Sie noch?
Ich fühlte mich vollkommen hilflos und rief meinen Sohn ans Telefon. Er litt selbst unter Depressionen und konnte sich vielleicht besser einfühlen als ich.
Er sprach lange. Na und – ? fragte ich, als er den Hörer auflegte.
Das geht nicht gut, meinte er.

Am Abend dieses Tages rief Steffen von seinem Zuhause an: Besucht mich doch mal.
Warum kommst du nicht her?
Ich bin krank geschrieben.
Krank? Heute morgen warst du doch noch…
Knöchel verstaucht. Ich bin die Treppe hinuntergefallen. In der Setzerei.
Der Ernst ist wirklich verrückt!
Unsere Kinder kamen leicht angeheitert vom Krankenbesuch.

»Ich veranstalte kleine Weltuntergänge.
Ich lasse mich Treppen hinabstürzen und von Frauen verlassen.
Ich möchte mich einmal wieder auf etwas freuen.«
Notiz aus dem Nachlaß.

Ich müßte mehr zum Schreiben kommen.
Ich bin einfach zu müde.
Du sumpfst zu viel.

Die Kinder sagten ihm Bescheid, aber komisch, es kam nicht an. Sie analysierten seinen Charakter. Und ließen es bald sein. Andern hilft das weiter, meinten sie. Dem Ernst nicht. Im Gegenteil.
Obwohl das Thema »Ich« ihn außerordentlich interessierte.
Wäre es nicht besser für ihn, sich mit den Problemen anderer Leute zu befassen? Er muß wissen, daß er nicht der einzige problematische Fall ist, daß auch andere ihre Schwierigkeiten haben.

Warum kann er sich nicht zum Schreiben aufraffen? fragte ich. Ich komme ja auch dazu, wenigstens eine Stunde am Tag. Obwohl ich ein Gebirge von Hausarbeit habe. Steffens Arbeit in der Druckerei ist, wie er selbst sagt, sogar relativ angenehm.
Du begreifst das eben nicht, Mama, sagte mein Sohn.

Tatsächlich wurde Steffen auch die »relativ angenehme Arbeit« als Setzer zu viel. An den Rand eines Konzertprogramms kritzelte er einen Briefentwurf mit der Bitte, ihm eine andere Existenz zu verschaffen. »Ich brauche sie, sonst gehe ich zugrunde. Ich ertrage es nicht mehr, anderen den Dackel zu machen und unter dem Vorwand von Hilfe fertiggemacht zu werden. Ich möchte endlich loskommen von dem. Ich möchte nach Hause kommen.«

Der Wunsch nach einem Zuhause, bei dem es ihm um mehr ging, als nur das Dach überm Kopf, taucht immer wieder bei ihm auf. Eine Familie wie unsere, mit ihrem engen Zusammenhalt trotz gelegentlicher Meinungsverschiedenheiten – so etwas stellte er sich auch für sein Leben vor. Der Traum vom bürgerlichen Leben. Zumindest eine andere Existenz zu finden, weg von der gleichförmigen Arbeit. Ein Betätigungsfeld, das – ja, das geradezu für ihn hätte erfunden werden müssen. Eines, in dem er für andere nicht mehr den Dackel zu machen hätte.
Um endlich loszukommen von dem.

Es steht viel in den paar Sätzen.
Es steht drin, warum Steffen und seine Schicksalsgefährten scheitern.

Sie wollen nicht mehr herumkommandiert werden. Sie halten die Stupidität am Arbeitsplatz nicht aus und nicht die versteckten und offenen Bosheiten, die sich am Vorbestraften entladen. Sie halten das alles nicht mehr aus, weil sie es immer aushalten mußten, im Fürsorgeheim, in der Strafanstalt.

In seinem Gedicht *Heimkehr* beschreibt Steffen die Situation eines Entlassenen:

Wenn ich nach Hause komme,
wird alles fremd sein.
Der Horizont
wird mich schwindeln machen.
Der erste Schlüssel
in meiner Hand
wird ein Abenteuer sein;
der Blick aus einem
unvergitterten Fenster
ein Wagnis mit der Balance.
So wird es sein
wenn ich nach Hause komme.

– –

Wenn ich nach Hause komme,
werde ich nichts gewesen sein,
nicht einmal ein Verbrecher,
nicht einmal traurig, nicht einmal fort.
Ich werde nach den alten
Arbeitsschuhen kramen
und weitermachen,
als sei nichts geschehen.
Ich werde nicht nach Hause kommen.
So wird es sein,
wenn ich nach Hause komme.

Wer aus dem Gefängnis kommt, hat vom Leben eine bestimmte Vorstellung: nämlich, daß es besser sein muß als Fürsorgeheim oder Knast. Viel besser. Das, was man nie gehabt hat: Einmal richtig leben!
Steffen nannte es »Nach Hause Kommen«.
Ersatzweise fuhr er Auto
Der verfluchte Autotick.
Wie kommt man nur, verflucht noch mal, zu einem Autotick?

Um das zu begreifen, muß man sich in die Enge einer Zelle hineinversetzen. Steffen schildert das so: »Tagelang ist man nicht in der Lage, sich auf eine bestimmte Sache zu konzentrieren, tagelang nicht fähig, einen Gedanken intensiv aufzugreifen. Man bewegt sich in einem Zustand qualvoller Lustlosigkeit, stumpfsinnigen Vegetierens. Ohne jede Möglichkeit, dem zu entgehen. Man ist eingesperrt. Man kommt da nicht heraus.«

Und Bertram: »...dort vegetieren wir dahin, bis die uns zugemessenen Monate oder Jahre in gähnender Langeweile hinter uns liegen. Dann werden wir mit einem Unverstand, der dem unserer Einkerkerung nicht nachsteht, wieder auf die Menschheit losgelassen, obwohl wir uns ganz ohne Zweifel zu unserem Nachteil verändert haben.«

Und nun hinaus!
Und nun – ein Auto her. Fahren!
War Steffen am Beginn unserer Bekanntschaft hin und wieder einer Warnung zugänglich – handelte es sich ums Schwarzfahren, war er taub. Er fuhr ohne Führerschein, und wir hatten mehr Sorge davor, daß er erwischt wurde, als er selbst.
Über einen Mitgefangenen, der beim Schwarzfahren umkam, berichtet er in der *Rattenjagd*.
»Er fuhr den Mercedes 190 seines Vaters, den er aus der Garage entwendet hatte, und der grüne Mercedes mit den weißen Kotflügeln und dem blauen Wirbel auf dem Dach fuhr hinterher. Totgejagt.
Weil sie jagen wollen.

Obwohl sie wissen, wer da mit seinen 80 PS vor ihnen herkeucht. Ohne Führerschein. Mit seiner verfluchten Leidenschaft: Fahren, fahren, fahren! Mit dem Schrieb in der Tasche: ›Müssen wir bezweifeln, daß Sie die charakterlichen Eigenschaften zum Führen eines Kraftfahrzeugs besitzen.‹

Mit der Wut, der ohnmächtigen Wut im Gedärm: Ich kann doch fahren! ich liebe das Fahren! ich muß fahren! ich kann doch gar nichts anders als fahren! ich bin verloren, wenn ich nicht fahre! und ich fahre! ich fahre! ich werde euch Schweinen zeigen, wie ich fahre!«

(*Rattenjagd*, S. 84)

Nach einjährigem Schwarzfahren erhielt Steffen die Genehmigung zum Erwerb eines Führerscheins. Hoffentlich wird er nicht vorher noch erwischt!

Wir bangten.

Nicht wegen der Prüfung: die macht er spielend! Aber – eine Woche, drei Tage, zwei Tage vor dem Prüfungstermin: Steffen, jetzt keine Dummheiten mehr. Übermorgen fährst du legal.

Kurz vor der Kreuzung überholte uns jemand.

Hupte.

Dem Kerl ist nicht zu helfen.

Und dann stand er im Zimmer mit dem grauen Faltblatt in der Hand, er war am Ziel. Die konnten mir nichts beibringen, meinte er. So hat noch niemand die Prüfung gemacht.

Wir feierten.

Schluß jetzt mit dem Alkohol, du willst nachher noch fahren.

Die Sorgen blieben, es waren nur andere.

Also hat das Amt für öffentliche Ordnung recht, wenn es einem Ex-Häftling den Führerschein vorenthält?

Ich meine nein. Besser, er fährt legal. Natürlich darf er nicht illegal Auto fahren, aber Gesetzestreue ist kein Lehrfach im Knast. Wenn der Haftentlassene »mit einem Unverstand, der dem seiner Einkerkerung nicht

nachsteht, wieder auf die Menschheit losgelassen wird«, ist es für unser aller Verkehrssicherheit richtiger, ihn nicht von der Fahrerlaubnis auszuschließen. Sonst wird er sie sich nehmen.
Sagen Sie das mal einer Verwaltungsbehörde!
Diese hat zu ermitteln, ob Bedenken gegen die Eignung des Antragstellers zum Führen von Kraftfahrzeugen vorliegen (z. B. Bedenken wegen schwerer und wiederholter Vergehen gegen das Strafgesetz), und demjenigen die Fahrerlaubnis zu versagen, der sich als ungeeignet erweist.

Steffen mußte offenbar, um seine Freiheit zu spüren, schnell und gewagt Auto fahren. Denn das freie Leben war nicht wirklich frei, er stand ständig unter Druck. Wie auf die meisten Strafentlassenen warteten auf ihn offene Rechnungen. Prozeßkosten, Wiedergutmachungsansprüche, frühere Schulden... Man versuchte sogar die Beisetzungskosten für seinen während seiner Haft verstorbenen Vater bei ihm einzutreiben. Er setzte den Gerichtsvollzieher an die Luft.
Aber Steffen!
Das hat mir endlich mal wieder so richtig Spaß gemacht.

Die Geldforderungen waren so irreal, daß er gar nicht erst überlegte, wie er sie abbezahlen könnte. Es kamen immer neue hinzu. Seine Devise war, zahlungsunfähig zu bleiben. Honorare setzte er rasch um. Daß er für ein Gehörleiden des 14 Jahre zuvor auf der Flucht niedergeschlagenen Wachtmeisters herangezogen werden sollte, machte ihn so wütend, daß er gegen ihn prozessieren wollte. In dem Falle müßte der Nachweis erbracht werden, daß das Gehörleiden eine andere Ursache hat als deine Schläge, erklärte unser Jura studierender Sohn.

Die denken, ich sei jetzt ein Geldsack, meinte Steffen resigniert.
Wärst du in der Setzerei geblieben, hättest du wenigstens dein festes Monatseinkommen.
Damit durfte man ihm nicht kommen.
Aber einer muß es ihm doch mal sagen. Wenn er nicht versucht, seine

Angelegenheiten in den Griff zu kriegen, ist er eines Tages wieder da, wo er herkommt.

Wir waren ratlos. Steffen schmiß nicht nur in der Setzerei die Arbeit hin, auch die mit großem Enthusiasmus begonnenen Volontariate beim Hörfunk in Saarbrücken und beim Fernsehen in Baden-Baden ließen ihn mit der Zeit erlahmen. Man erwartete andere Themen von ihm, als immer nur den Strafvollzug anzuprangern. Als freier Mitarbeiter war er auf Honorare angewiesen, um seinen Unterhalt, seine Wohnung, sein Auto zu finanzieren. Unter diesem Zwang, meinte er, falle ihm nichts ein. Er habe keine Lust, denen in Baden-Baden nachzulaufen.
Und wovon willst du leben? Irgendwie ist er wehleidig, dachten wir. Andere Leute wären froh, für das Fernsehen zu arbeiten.

»Arbeit ist die Grundlage eines geordneten und wirksamen Strafvollzugs. Sie soll, so weit erforderlich, die Arbeitsgesinnung des Gefangenen wecken, ihn an regelmäßiges, auf Arbeit aufgebautes Leben gewöhnen, sowie körperliche und seelische Schäden ausschließen«, lese ich soeben in einer Broschüre zum Strafvollzug.

Wie Arbeit als Teil der Strafe in der Praxis aussieht, ist in der *Rattenjagd* zu finden:
»Acht Stunden lang auf einem Hocker, mit gekrümmten Rücken, auf den Knien Autorückenlehnen flechten. Sechs Autofahrer bewahrte ich heute vor Rückenschmerzen und Haltungsschäden.Dafür werden sechzig Pfennig meinem Konto gutgeschrieben. Meine Rückenschmerzen sind die Rückenschmerzen eines Zuchthäuslers.«

Auch Bertram weiß beim Thema Arbeit wovon er spricht: »Dann die minimale Belohnung für oft schwere Arbeit. Sie sollte von einer tariflichen Entlohnung abgelöst werden, um z. B. die Arbeitslosen-, Invaliden- und Krankenversicherung weiter zahlen zu können. Auf diese Weise würde der Gefangene wieder lernen, mit Geld umzugehen, zu disponieren, Rücklagen zu bilden, in die Zukunft zu planen. Viele können nicht einmal eine Zahlkarte ausfüllen. Diese Menschen sollen nach jahrelanger Haft mit Problemen fertig werden, die ganz neu für sie sind und schon am Gefängnistor auf sie einstürzen.«

Ich muß mich beim Schreiben an Zitate halten. Was weiß ich sonst von den Arbeitsbedingungen im Gefängnis. Aber bei dem, was ich darüber erfahre, verstehe ich nicht, warum die tarifliche Entlohnung – sie sei im Strafvollzugsgesetz vorgesehen – so schwer umzusetzen ist. Zu teuer für den Staat? Die Gefangenen könnten ihren Knastaufenthalt mitbezahlen. Und sie könnten beginnen, Schulden abzutragen. Und sie würden einen Sinn in ihrer Arbeit sehen. Dann würden sie sich vielleicht selber um so lebenswichtige Dinge wie das Ausfüllen von Formularen kümmern.

Weil es denen da oben nur darum geht, ihr Publikum ruhig zu halten, meinte Steffen. Wenn sie Geld investieren, dann in das, was sie unter Ordnung und Sicherheit verstehen, und nicht in die Gefangenen. Bis sie eines Tages ihre Quittung kriegen.

Redet doch nicht immer so langweiliges Zeug, murrt unsere Jüngste, die soeben zum dritten Mal aus dem Bett gestiegen ist und dem Steffen auf den Schoß, ihn umarmt und abküßt, ich kann nicht schlafen, ihr macht auch solchen Krach und außerdem riecht es so gut, was eßt ihr denn da?

Langweiliges Zeug – aber…
Wenn ich mich an die Gespräche erinnere, ging es meistens um seine literarischen Erfolge oder um die bei Frauen, und landeten dann gewöhnlich bei diesem »langweiligen Zeug«, von dem man, wie Bertram sagte, für das ganze Leben einen Schlag weg hat.

In der Gefängnisbücherei hatte Steffen sich mit den Thesen des englischen Philosophen Russel befaßt und war beeindruckt von dessen nüchterner Haltung zu Täter und Strafe. : »Bis vor kurzem war man der Ansicht, daß die beste Kur für einen Jungen, der sein Pensum nicht lernen konnte, eine Tracht Prügel sei. Bei der Behandlung von Kindern ist diese Ansicht fast ausgestorben, aber im Strafgesetz lebt sie noch fort. Es ist klar, daß ein Mensch daran gehindert werden muß, Verbrechen zu begehen, aber das gleiche gilt für einen Menschen, der an Tollwut leidet und die Leute beißen will... Kein Mensch behandelt sein Auto so dumm wie einen anderen Menschen. Wenn das Auto nicht läuft, so schreibt er dieses ärgerliche Verhalten nicht der Sünde zu. Er sagt nicht: du bist ein verworfenes Auto. Ich werde dir kein Benzin mehr geben, bis du wieder fährst. Er versucht vielmehr, den Fehler zu finden und zu beheben.«

Dies war genau Steffens Einstellung. Vom Täter sagt er, er sei »nicht verrückt, nicht wahnsinnig, sondern gequält«. Die Tat geschehe, wenn »Grausamkeit gegen Grausamkeit steht«, in einem »Niemandsland des Nichtmehrempfindenkönnens« – und sei für den Täter Genugtuung und ein Akt der Erlösung. Wir könnten uns da nicht hineinversetzen, dazu müßten wir diesen Zustand selber erfahren. »Und wenn Euch der Schmerz taub und hilflos geschlagen hat, werdet Ihr sie sehen diese Gerechtigkeit... werdet begreifen, welche Qual dieser Mensch erleiden mußte, bis er diesen einsamen, erbarmungslosen Gang ging, – um in Eurem Aufheulen seine Gerechtigkeit zu finden.«

»Helft, solange Ihr noch könnt. Helft, um Eures Vorteils willen! Glaubt mir, ich bin mittendrin. Ich höre es Tag für Tag. Ich sehe es Tag für Tag:
Wie sie explodieren.
Wie es an ihnen nagt.
Wie sie Euch immer mehr entgleiten.
Wie sie zu denken beginnen.«
So steht es in der noch im Knast geschriebenen *Rattenjagd*.
»Hört sie an: Ehe der Sturm losbricht, der alles hinwegfegen wird«.

Die Gefangenenrevolten der letzten Jahre bestätigen, daß es gärt. Daß das Wegsperren und die damit für das ganze Leben verbundene Diskriminierung nicht mehr fraglos hingenommen wird. Daß sie zu denken beginnen. Und wir? Haben wir, das Volk, in dessen Namen verurteilt wird, Ohren für die Meinung eines Russel? Reparieren, statt hinter Gittern zu verwahren? Bei unserem Vorteil – sind wir doch zu packen? Von Vorteil für unsere Sicherheit ist es sicher nicht, wenn Haftentlassene als seelische Krüppel aus der Vollzugsanstalt kommen.

Aber man braucht offenbar den Bösewicht, an dem nichts mehr zu reparieren ist. Im Kriminalfilm zeigt schon die Verbrechervisage, mit wem man es zu tun hat. Falls man sich nicht gründlich irrt. In Steffens Fall war die zerschlagene Nase eine von einem alkoholisierten und am Dasein verzweifeltem Vater seinem Sohn zugefügte Verunstaltung.

Steffen – deine Nase? Ich weiß nicht. Hast du schon mal an eine Schönheitsoperation gedacht?
Steffen betrachtet sich zweifelnd im Spiegel.
Dann wird er ja noch unwiderstehlicher!
Nun macht ihn nicht eitler, als er schon ist.
Er geht auf unsere Neckereien nicht ein.
Meine Nase, sagt er, ist so eine Art Kennzeichen. Sie muß schon so bleiben, wie sie ist.
Markenzeichen Knacki. Hat der Dichter es nötig, sich über die dunkelsten Kapitel seiner Laufbahn zu definieren? Sie waren – wir hatten Mühe es zu begreifen – sein einziger Besitz. Das übrige Leben zerfloß ihm unter den Händen.
»Eines Tages werden sie mich zu Euch hinausschicken mit nichts anderem versehen, als mit einem Empfinden, das siebeneinhalb Jahre lang von ihnen und ihren Maßnahmen geprägt wurde. Mit diesem Empfinden werde ich an einem Punkt anfangen müssen, an dem ich vor siebeneinhalb Jahren nicht mehr weiter wußte. Aber wehe, wenn mir das noch einmal passiert!«

Steffen wäre nicht Steffen, wenn er nicht kämpfte. Er wollte zeigen, wie Menschen kaputt gemacht werden.
Aber du bist doch raus. Und ändern kannst du sowieso nichts.
Doch. Er konnte über die Zustände drinnen schreiben.

»Für mich ist mein Schicksal selbstverständlich so wichtig wie das ganze Sonnensystem«, schreibt Bertram in einem Brief, »Als Erfahrung ist es trotzdem nur ein Einzelnes. Für mich ist es unbegreiflich, daß sich einer zum Sprecher für andere macht, der erstmal sehen müßte, wie er selber durchkommt.«
Sprecher für andere – ist es nicht eine gute Sache, wenn Leute wie Steffen für andere den Mund aufmachen?

Die lautstarken studentischen Proteste gegen die Repressionen des Staates und seiner Institutionen fanden ihren Widerhall bis in die Familien. Auch bei uns wurde lautstark und hitzig politisiert. Dafür hatte Steffen jedoch wenig übrig. Er hatte genug an seinen eigenen Problemen.

»Ich bin richtig glücklich, ein kleiner Gauner zu sein und kein guter Deutscher…«
sagt Bertram in seiner unverblümten Sprechweise. Im Laufe unserer Bekanntschaft habe ich alle Achtung vor dem »kleinen Gauner« bekommen. Er klagt niemand an, er schaut nur genau hin. »Meine Ansichten von der Wahrheit sind nicht ganz ausgereift, aber es geht vorwärts. Sobald ich rauskomme, werde ich Hutmacher.«
Mit dem Hutmacher ziehe ich den gelernten Koch manchmal auf – der inzwischen zum Gefängniskoch und damit zum Knastadel avanciert ist. Unter Hutmacher, sagt er, verstehe er einen, der im Hintergrund bleibt, still seine Hüte macht und nichts vom Leben erwartet, nichts Großes jedenfalls. Man müsse sich von vornherein darauf einrichten.

Wie war das doch mit Steffen, er hat doch, oder etwa nicht? etwas Großes vom Leben erwartet. Warten auf »irgend etwas nicht Ankommendes« hat er die Aussichten eines Gefangenen bezeichnet.
Bei ihm kam dann doch irgend etwas an.
Ein Anstaltsarzt sagte zu dem jungen Häftling: »Wissen Sie was Sie sind, junger Mann? Sie sind ein verbummeltes Genie, sind Sie.«

»Ich bin immer noch mächtig stolz darauf« – so der Gefangene *Ali* in der *Rattenjagd.* »Ich habe nichts, auf das ich stolz sein könnte... Es war sozusagen der einzige Ritterschlag, den ich jemals in meinem vermurksten Leben empfangen habe. Es ist nur eine Rosinante, aber ich reite darauf. Auf der zu reiten mir ein wenig hilft, und auf der ich Windmühlen als Windmühlen erkennen kann, wenn ich nur nah genug rangehe.«

Steffen ein Don Quichotte? Als der zum Sterben kam, bat ihn sein Knappe Sancho: «Sterbt doch nicht, sondern nehmt meinen Rat an und lebt noch lange Jahre! Denn die größte Narrheit, die ein Mensch in diesem Leben begehen kann, ist, sich mir nichts dir nichts ins Grab zu legen, ohne daß ihn einer umbringt.«
Von Sterben war im Frühjahr 1969 zum Glück nicht die Rede. Steffens erster Gedichtband stand kurz vor der Veröffentlichung.

Steffen, du bemitleidest dich.
Wer sonst?

Das kommt über mein Buch, sagt Steffen und löst das Gummiband, das die Korrekturbögen von *Lebenslänglich auf Raten* zusammenhält.
Gedichte, die meisten uns schon aus Lesungen bekannt, zwischen Tellern und Tassen, wir wollen gerade Abendbrot essen. Wann gibt's denn endlich was? Die beiden Jüngsten haben Hunger und jetzt keinen Sinn für Lyrik.
»Du bemitleidest dich« – ist das ironisch gemeint?
Nein, sagt Steffen, es ist einfach wahr. Es ist doch so.

Wieder einmal ein Grund, Späße zu treiben. Wenn das Buch erscheint – stellt euch vor, was für einen Absatz es haben wird! Schon allein bei dem Bedarf in unserer Familie! Und natürlich die vielen Freunde – ganz Heilbronn wird es haben wollen, und der Ernst signiert dann alle.
Steffen packt die Blätter zusammen. Gebt mir mal den Paprika rüber.

»Du bemitleidest dich« steht über seinen Gedichtband, doch in den Gedichten ist von Selbstmitleid keine Spur. Nur das Fazit seines »vermurksten Lebens«:

Wenn ich einem Mädchen anbiete,
den Koffer zu tragen,
werdet ihr's versuchten Diebstahl
nennen.
Wenn ich ein Kind streichle,
werdet ihr's
in Sicherheit bringen.
Wenn ich schreibe
wie ihr,
werdet ihr's verboten nennen.
Deshalb werde ich schreiben,
wie unsereins schreibt.
Und den Koffer nicht tragen,
Mädchen
Und Kindern aus dem Weg gehn.

Dichterlesung in Heilbronn.
Steffen trinkt sich Mut an. Auch während der Lesung steht das Whiskyglas neben ihm.
In der Zelle geschrieben, in einem Saal gelesen. Eine solche Lesung ist – vielleicht paßt die Gedichtzeile auch hier – ein Wagnis mit der Balance.

Abends wohnte ich in einem Raum.

Das Wort Raum kommt gedehnt, dem Lesenden nicht geheuer. Für den Zuhörer – nun ja, ein Raum.

Dann lernte ich Schnaps trinken
in dem Raum abends.
Das war nicht schwer.
In die leeren Flaschen
baute ich Segelschiffe.
Das war schwerer.
Die Schiffe hießen

Lotte und Werther.
Dann stahl ich das Auto meines Chefs.
Die Polizei behauptete später,
die Schiffe seien unauffindbar.

Woran schreiben Sie zur Zeit, Herr Steffen?
Tagsüber gehe ich arbeiten.
Und abends?
Bin ich müde.
Und sonntags?
Auch.
In einer Diskussion, meinte Steffen später zu uns, kommt das Eigentliche nie zur Sprache.

Habt ihr das gelesen? Hier schreiben sie über Ernst und bemühen sogar Hofmannsthal:
»In jedem Menschen wohnt eine eigene Unschuld. Steffen scheint sie in der literarischen Tätigkeit zu suchen. Denn wenn sich ein Lebenslauf so sehr zwischen Begriffen der Eigenschuld und der Schuld anderer (Kindheit) bewegt, muß sich auch ein Aspekt der Unschuld finden lassen.«

Die kapieren aber auch gar nichts!
Das sagte nicht Steffen, er konnte mit dieser Art Buchbesprechung sowieso nichts anfangen. Das sagte eins meiner Kinder.
Aber ich weiß noch was er sagte, mit diesem halb schüchternen, halb trotzigen Augenausdruck: Und von keinem höre ich, wie ihm meine Gedichte gefallen haben.

Da war eine Stelle, beeilte ich mich nachzuholen, ich weiß nicht genau, etwas von einer Trompete und Mündungsfeuer, ungeheuer gut.
(Verflucht, diese Hilflosigkeit gegenüber Gedichten!)
Trompete?
Steffen holte das Manuskript aus dem Auto, da konnte ich es nachlesen: Saxophon.

Es war das Gedicht *Nekrolog für Vater*.

Mit seinem Saxophon trieb er weiß-gelbes
Mündungsfeuer
mitten durch magere Nachkriegsbäuche
und ließ sich dafür bezahlen.
Mit dem Geld besoff er sich.
Manchmal träumte er von Reichtum.
Später schlug ihm einer die Schneidezähne aus,
da verkaufte er das Saxophon;
ohne Schneidezähne ließ es sich nicht spielen.
Es war ein Es-Alt.

Ein andermal fühlte er sich ohne viele Worte verstanden. Jemand hatte ihm während einer Lesung eine Dose Sauerkraut geschickt. Ich weiß genau, von wem sie ist, grübelte er wochenlang.

Dann werde ich Sauerkraut kaufen,
ein ganzes Faß
schönes deutsches Sauerkraut.
Und Salat werde ich kaufen,
einen ganzen Waggon
schönen deutschen Salat.

Daß man im Knast von Salat träumt, hatte ich mir bis dahin nicht vorstellen können. Klarer Fall von Hunger nach Vitaminen, dachte ich, und nahm für Bertram bei einem Besuch frisch gepflückte Erdbeeren aus unserem Garten mit. Die dürfen Sie aber nicht hineinnehmen, sagte der Torbeamte. Außer Zigaretten und Süßigkeiten ist Besuchern nichts erlaubt. Ich nahm die Erdbeeren also wieder mit nach Hause.
Die Dose Sauerkraut hatte für Steffen symbolischen Wert. Es konnte nur eine Frau sein, die sie ihm hingestellt hatte.

...und den Frühling einläuten. –
Dreimal dürfen Sie raten womit,
Herr Direktor.

So endet das Gedicht vom Sauerkraut und vom Salat.

Eine Weile sonnte er sich im Status des beachteten Lyrikers. Als Autor des renommierten Luchterhand-Verlages erhielt er Einladungen zu Lesungen und Rundfunksendungen, sowie im privaten Kreis. In Baden-Baden schien man sich, seiner Schilderung nach, um seine Anwesenheit zu reißen.

Nach einer Lesung aus dem Manuskript der *Rattenjagd*, die sein Lebensroman werden sollte, traf er in einem Zeitungsartikel auf weniger Anerkennung.
»Er lief Gefahr geschwätzig zu werden, und das liegt darin beschlossen, daß er nur ein einziges Thema, nämlich sich selbst und seine Probleme gehabt hat, – wobei diese Mitteilungswut zum leidigen Lamentieren und zur komischen Selbstbemitleidung führen kann, die ihren Effekt schließlich einbüßt«.

Das wollte ich doch gerade, euch das Material liefern, aus dem ihr Folgerungen ziehen könnt, wehrte sich Steffen aufgebracht. Ich schreibe über den Vollzug, damit endlich begriffen würde, wie falsch und gefährlich das System ist.
Frei mache ihn das Schreiben nicht.

Die *Rattenjagd* ist erst 1971, ein Jahr nach Steffens Tod erschienen. Sonst hätte man lesen können, wie das Schreiben in der Zelle ihm zusetzte: »Ich lasse es ganz an mich heran, ganz an meine Nerven, lasse es eintreten, durch mich hindurch, was einmal zu ertragen schon genug ist, ein zweites Mal durch mich hindurch, um es hier zu schreiben. Laßt es mich einfach machen. Ich werde trotzdem alles sagen. Schnell. Nur schnell. Es ist gefährlich, darüber nachzudenken. Wenn ich darüber nachdenke, rase ich eines Tages gegen die Wand oder gehe auf den Wachtmeister los.«

Wie domestiziert war eigentlich dieser Ex-Gefangene, der sich in feinsten Kreisen herumreichen ließ? Mit seinen Texten paßte sein Verhalten nicht immer zusammen.

Schon seine Art, wie er mit Struppi umging. Eines Tages brachte er dieses – nein, nicht Wollknäuel – diesen Wollhaufen zur Begutachtung, er hatte ihn soeben von einem Amerikaner übernommen: Mach Bitte, Struppi, du kannst das doch. Bitte... Na, so ist es richtig.

Struppi war ein Autohund wie sein Herr. Und einmal war dieser Autohund im Auto eingesperrt und zerbiß das schöne Polster des schönen Karman Ghia. Er wurde von seinem Herrn derartig geprügelt, daß er davonlief. Tagelang war Struppi weg. Steffen, der von Schuld im Strafvollzug nichts wissen wollte, war außer sich vor Sorge und Schuldbewußtsein. Aber diese Liebe kam schwanzwedelnd zurück, obwohl er sie davon geprügelt hatte.

Im Umgang mit seinem Hund verhielt sich Steffen nicht anders als andere »Herrchen«, die im Hund einen Kameraden suchen – aber einen folgsamen Kameraden. Wie vertrug sich das mit seiner Ablehnung jeder Art von Bevormundung?

Widersprüche. Wir wußten nie, woran wir bei ihm waren. Hatte er sich in seiner kriminellen Vergangenheit bei Einbrüchen bedenkenlos an fremdem Eigentum vergriffen, konnte er wütend werden, wenn zum Beispiel jemand seinen Stuhl besetzte.
Das war an dem Abend in unserer Wohnung, als er nach einer Schlägerei mit einem blauen Auge kam, nein, mit der Sonnenbrille über dem blauen Auge.
Das Zimmer des Ältesten wieder einmal gesteckt voll junger Leute. Ich saß still in einer Ecke und sah mir das Treiben an. Dankbar, geduldet zu sein, genoß ich die Atmosphäre von Musik, Zigarettenqualm, herumgehender Weinflasche, als hätte mein bürgerliches Dasein mir bis dahin etwas vorenthalten.

Steffen ging kurz raus. Als er zurückkam, saß ein anderer auf seinem Stuhl. Er blieb an der Tür stehen. Was hat er denn, warum kommt er nicht rein? Hallo Ernst, rief eins der Mädchen, bei mir ist noch Platz. Ich

wollte schon den ganzen Abend mal bei dir sitzen.
Ich bin selbst erstaunt, sagte Steffen nachher zu mir, daß ich nicht gegangen bin vorhin.
»Ich bin selbst erstaunt« – hörte ich öfter von ihm.
Als ich ihn beschwor, einem Mädchen nicht hinterher zu fahren, weil es offensichtlich nicht von ihm heimbegleitet werden wollte. Er fuhr trotzdem hinterher. Ich bin selbst erstaunt, erklärte er später, daß ich umgekehrt bin.

Bei euch, sagte er, habe ich mir noch nie was zu Schulden kommen lassen.
Stimmt – er ist die Bravheit selbst.
Du hast es gut Mama. Du bist schon aus dem Alter raus, seufzt die 15-jährige.
Steffen grinst sich eins. Er liegt auf der Couch und ißt langsam eine lange grüne Salatgurke.

Nichts war ihm lieber, als den ganzen Kerl zu spielen, auf den die Frauen fliegen.
Stolz zeigte er uns ein Farbfoto von einer Party mit kaltem Büffet in Baden-Baden. Neben Steffen etwas Blauseidenes: Das war eine Frau!
Ist das Krabbensalat da auf deinem Teller?

Die vier Autos seiner zwei Jahre Führerschein wurden jeweils zur Besichtigung auf den Wendeplatz vor unserem Haus gefahren. Nachdem beim ersten die Rallye-Montur nicht darüber hinwegtäuschen konnte, daß es eben doch nur ein Käfer war, verdiente der zweite volle Bewunderung.
Der grüne Karman Ghia, (der dann von einem Steffens Vorfahrt mißachtenden Taxi zerbeult wurde), ein erstklassiges Auto, cremefarbene Polster, (die später von Struppis Zähnen zerfetzt wurden), und hier, seht euch das an, Liegesitze.
Wozu denn das?
Er warf uns einen herablassenden Blick zu.

Und gab bei Gelegenheit zurück. Ihr habt's nötig, sagte er. Man kann zu euch kommen, wann man will, immer turteln hier Zweie miteinander herum.

In meiner Erinnerung sind die in der ersten Zeit mit Steffen verbrachten Nachmittage oder Abende heiter, oft ausgelassen, obwohl es doch schon Probleme genug gab.
Es wurde Tip-Kick und Roulette gespielt, die Auto-Rennen auf der Carrera-Bahn lösten Begeisterung aus. Und es kam auch vor, daß Steffen beim abendlichen Zusammensein hinter sich in den Bücherschrank griff, um uns vorzulesen. In Enzensbergers *Museum* kannte er die meisten Gedichte und sogar die Seite, auf der sie standen, er hatte das Buch im Knast gelesen. Ungaretti, ja, und hier, Neruda. Kennt ihr die *Hochzeitliche Materie*? Brecht. Prévert: *Das Lied des Vogelstellers*. Paveses Tagebuch: Der eigentlich alles schon gesagt hat. Und Else Lasker-Schüler. Das sind Gedichte! Steffen verehrte sie. Als ich einmal eine Gedichtzeile von ihr falsch zitierte, verbesserte er mich sofort: »an« – nicht »in«.
»Es pocht eine Sehnsucht an die Welt, an der wir sterben müssen.«

Manchmal zog er sich auch mit den Mickymausheftchen unseres Jüngsten zurück und war für einen Nachmittag nicht ansprechbar.
Als das Fernsehen eine Aufzeichnung von ihm plante, schlugen wir vor das Mickymaus-Heftchen aus der Tasche zu ziehen, anstatt *Lebenslänglich auf Raten*. Als ich die Aufzeichnung sah – Steffen im gestreiften Hemd, was wohl an Sträflingskleidung erinnern sollte, auf einem zierlichen weißen Stühlchen aus seinem Gedichtband lesend – mußte ich an die Mickymaus denken. Das war ein fremder Steffen, nicht der, mit dem wir abends zusammen sangen – ja, auch das gab es, und Steffen liebte solche Abende, an denen er uns auf einem Kinder-Xylophon begleitete, eine schlagkräftige Begleitung unserer stümperhaften Gesänge. Biermann und Degenhard und singt doch mal das Lied von der Kuh! Wir probierten auch aus, ob sich seine Gedichte singen ließen:

Sie war gerade sechzehn geworden,
man sah es ihr noch an.
In ihrem Busen schluchzten die Torten
Und Schweinchen aus Marzipan...

Heiß ist es heute Abend!
Wir rissen das Fenster auf und bekamen einen Anruf wegen Ruhestörung.
Aber wir sangen dann sowieso nicht mehr, weil das Xylophon kaputt ging.

Verrückte Abende.
Man konnte so herrlich mit ihm saufen.
Das behaupteten wenigstens die Kinder, und es war leider wahr. Am Schönsten war es, wenn wir so herrlich miteinander soffen. Bis Steffen aufstand, sich verabschiedete, ging, und zum Fenster wieder hereinkletterte und dann endgültig ging und wer weiß wo landete. Wie bist du bloß heute nach Hause gekommen?
Nach Hause? Ich?

Weihnachten 1968 sangen wir auch. Das Xylophon war da noch heil und neu, es hatte unter dem Tannenbaum gelegen, bevor der umfiel, weil die Kleinen wieder so getobt hatten, sie waren schon murrend zu Bett, als es zweimal kurz klingelte, jetzt kommt der Ernst doch noch.
Singt ihr denn nicht?

Der Tannenbaum wieder frisch frisiert, die Kerzen brennen wieder, die Kinder wieder aus dem Bett, und so sangen wir nach Mitternacht Weihnachtslieder und keines war eigentlich viel zu sentimental. Gegen Morgen sangen wir die *Schweinekopfsülze* von Günter Grass.

Steffen hatte uns schon am Vormittag des Heiligen Abend beschenkt. Ich war gerade beim Staubsaugen, eine Tochter kam im Bademantel, den Kopf voller Wickler, als Steffen einen ganzen Koffer Geschenke ausleerte: Whisky und Zigarillos und die *Feuerwerksmusik* von Händel, und

eine Negergruppe mit Bastrock und ein geräuschvolles Fernlenkauto. Ja, und Fotos von Ernst S. bei der Dichterlesung.
Wir hatten auch etwas für ihn, einen Kunst-Band über Paul Klee. Seid ihr denn verrückt?

Vom Schenken ist in der *Rattenjagd* folgendes zu lesen:
»Der Gefangene hat den Wunsch, ein selbstgezeichnetes Bild als Geburtstagsgeschenk zu verschicken.
Wenn Sie ein kleineres Format genommen hätten, ja. Aber das ist doch zu groß. Warum haben Sie es denn so groß gemacht? Kleiner wäre es doch auch gegangen. Dann hätte man es in ein Kuvert stecken können und es wäre kein Problem gewesen.«

Weihnachten 1969 ließ sich Steffen nicht blicken. Später erfuhren wir, warum er nicht gekommen war: Er hatte keine Geschenke für uns.
Deshalb besprachen wir, uns im Jahr darauf gegenseitig nichts zu schenken. Mit dem überhand nehmenden Weihnachtskonsum arbeite man nur der Wirtschaft in die Taschen, während die Jesuskinder dieser Welt hungern.
Wieso denn nichts schenken? fragte Steffen. D a s wird doch kein Weihnachten!

Bevor ich beim Schreiben traurig werde, denn das Weihnachtsfest 1970 hat er nicht mehr erlebt, will ich von Ostern 1969 berichten. Dieser Ostermorgen ist in meiner Erinnerung so richtig schön bunt, nämlich Steffen mit neun Blumensträußen in der Tür, gibt es Frühstück?
Der Ernst um 10 Uhr morgens? Ist er krank?
Krank? Er verdrückte im Kampf um das unschlagbare Osterei vier Eier und das fünfte war dann absolut unschlagbar, bis es unbegreiflicherweise von unserem Jüngsten eingedellt wurde. Darauf Cognac, und zum Cognac die Feuerwerksmusik von Händel so viel die Lautsprecher nur hergaben. Und dann mit Freunden mit drei papierblumengeschmückten Autos in den Wald, wo Steffen, was ebenfalls unbegreiflich war, Ωden Riesenschokoladenhasen fast gefunden hätte, als ein anderer ihn

wegschnappte. Und der Hasensong zur Gitarre, vorgetragen von Ernst S., den der Wald leider nicht aufzeichnete, sonst hätte man später nicht behaupten können, er habe nur im Knast dichten können.

Im Zuchthaus gehen wir Ostern
zur Kirche und singen
Großer Gott wir loben dich.
Hochwürden segnet uns
und mittags gibt es süßen Pudding.

D a s hat er im Knast gedichtet.

Wie ein Feiertag in der Arrestzelle aussah steht auch in der *Rattenjagd*. Es gab sogar ein Festtagsmenu: Nudeln mit Soße und grünen Salat.
Wie bekommt es ihm?
»...und selbst das Heraufwürgen geschieht sanft wie in großem Mitleid. Und ich treffe die Schüssel und flüstere:
Frohe Pfingsten.«

Pfingsten 1973, während ich an diesem Buch schreibe, höre ich im Radio von Folterungen in griechischen Gefängnissen. Gerade dort, wo die Festtage voller Fröhlichkeit sind, Gesang, Musik und Tanz, tritt das Zerstörungswerk der Diktatur kraß zutage und ist doppelt grausam.
Was Steffen von seinen Gefühlen in der Arrestzelle schildert, wird so oder so ähnlich in diesem Augenblick in unzähligen Zellen, Verliesen, Kerkerlöchern der Erde erlitten: »...dann der große Ton, den man hört, wenn man hinter vier Türen und zwei Gittern und einer Schallpanzerung, die auch den lautesten Schrei nicht nach außen dringen läßt, in stinkende Decken gehüllt still auf einer Holzpritsche liegt und nicht einschlafen kann.«

Da ich erst jetzt die *Rattenjagd* in Händen halte und solche Schilderungen lesen kann, geht mir auch erst jetzt wirklich auf, was ihm die Festtage in unserer Familie bedeuteten. Damals überlegten wir im Zuge des politischen Aufbruchs auch einige familiäre Traditionen in Frage zu stellen. Feiertage könnten einmal anders begangen werden als bisher.

Auch vom Tischgebet wollten wir uns trennen, das eigentlich nur noch ein Ritual sei. Mir wurde bewußt, daß es für mich auch ein Mittel war, die Familie gemeinsam an den Tisch zu bekommen, was ihm einen eher praktischen als christlichen Sinn verlieh. Und wie war es mit den Sonntagen? Blue Jeans und Pulli seien für die ganze Woche okay, hieß es, Schluß mit den Sonntagskleidern – womit ich nicht ganz einverstanden war.

Das Rütteln an familiären Gewohnheiten brachte mehr Umwälzungen mit sich, als ich voraussehen konnte. Die Studenten unter unseren Kindern nahmen die Gelegenheit wahr, sich mit uns Eltern einmal gründlich auszusprechen, das heißt, wir wurden vom Sockel geholt und zerlegt. Unsere Art des Erziehens wurde für vollkommen falsch erklärt. Wir seien verantwortlich für viele ihrer Probleme, denn sie seien zu Außenseitern erzogen worden. Der Wert, den wir auf Musik, Literatur – und gute Tischsitten – legten, habe ihnen ein Gefühl der Überlegenheit eingeimpft gegenüber Leuten, denen Jawlenskys Portraits so wenig sagen wie Beethovens späte Quartette.
Ihr macht es euch zu einfach, wenn ihr alles, was euch im Leben mißlingt, unserer Erziehung in die Schuhe schieben wollt, sagte ich erbittert. Wir wurden provoziert. Das Messer im Mund, die Finger im Teller... Wie autoritär ihr seid, fuhr ich die Kinder an. Ihr zwingt uns zu akzeptieren, was uns nicht gefällt. Wir Eltern haben doch so gut wie ihr ein Recht darauf, uns bei Tisch wohlzufühlen.

Auch mein Mann wurde nicht geschont. Mit seiner Autorität in der Familie erwarte er von seinen Kindern, die eigene Lebensart zu übernehmen, war er erstaunt zu hören.
Wollte ich euch jemals meine Ansichten aufdrängen?
Er fühlte sich verletzt und zog sich in die Welt mittelalterlicher Miniaturen zurück. Das Schlachtfeld der Diskussionen überließ er mir.

Ich verlegte mich aufs Rechtfertigen. Wenn alles was wir machten falsch war, wie ihr behauptet, warum habe ich mich da abgerackert, um euch

täglich ein gutes Essen vorzusetzen?
Ich hatte das Gefühl ins Leere zu sprechen. Ich sei zwar eine besorgte Mutter, doch ich würde meine Kinder auf subtile Art beherrschen. Hier folgte ein Brecht-Zitat: »Auf die feine und gerissene Art der Mütter«.
Ich reagierte vom Wutanfall bis zum Tränenausbruch.
Wir Eltern sollten nicht immer alles so persönlich nehmen, sagten die Kinder. Die Tatsache, daß sie sich mit uns auseinandersetzten, sei doch ein Zeichen dafür, daß sie uns nicht für hoffnungslose Fälle hielten.

Steffen hatte für solche Diskussionen nichts übrig. Was wollt ihr eigentlich, meinte er, ihr habt doch die beste Mutter. Sah auf die Uhr, drückte die Zigarette aus, ging. Warum ist denn der Ernst heute gleich wieder gegangen?
Nein, er war nicht glücklich über die Umbruchstimmung in unserer Familie. Er suchte und brauchte Beständigkeit. Einen Ort, der ruhig bürgerlich sein durfte. Nur, daß ein solcher Ort im allgemeinen der bürgerlichen Moral verpflichtet ist und ein Ex-Knacki da nichts zu suchen hat.

Seit er in Gernsbach wohnte, sahen wir ihn seltener. Wenn er aber mal da war, ging es hoch her, ich erinnere mich an verrückt ausgelassene Abende. Und doch – es war nicht mehr ganz so, wie es gewesen war, oder bildete ich mir das ein?
Obwohl Steffens neues Auto auf alle Fälle genau d a s war.
Zum vierten Mal standen wir zur Besichtigung auf dem Wendeplatz. Diesmal war es kein Gebrauchtwagen. Mensch, Klasse! Die Kinder probierten die Sitze aus. Ich durfte eine Probefahrt machen. Fürwahr, ich war stolz. Ich fuhr in die Apotheke und holte Tabletten. Steffen hatte Magenschmerzen.

»Nun fahr ich den Scheißkarren gleich ganz zusammen...« dieser Ausspruch gilt dem Prachtstück von BMW zwei Monate später, als er nach einer durchfeierten Nacht einen Zaun rammte. Er fuhr daraufhin rückwärts mit Vollgas noch einmal in den Zaun.
Zwei Mädchen stellten sich in seine aufgeblendeten Scheinwerfer, um

ihn am Weiterfahren zu hindern. Es gelang, er schlief sich im Auto erst einmal aus.

Frühsommer 1970. Noch steht der rote BMW glänzend lackiert in der Sonne, der Fahrer, braun gebrannt, Sonnenbrille, rosa Hemdärmel lässig aufgeschlagen am Steuer, ein Mädchen dabei, auf dem Rücksitz der Hund, und alle lecken Eis.
Kann er denn Eis vertragen?
Der Struppi?
Natürlich kann er kein Eis vertragen, weder Herr noch Hund. Nichts Kaltes, Diät halten – keinen Alkohol, Steffen!
Wozu lebt man dann überhaupt.

Den BMW hatte er übrigens kaufen müssen, weil der vorhergegangene weiße Gebraucht-BMW, dieses Miststück, Reparaturen machte, die kein Mensch bezahlen konnte. Es mußte ein neuer Wagen sein, damit der alte in Zahlung genommen wurde, sonst hätte er ihn, wie er sagte, wegwerfen müssen. Steffen hatte also vollkommen richtig gehandelt, als er sich ein fabrikneues Auto kaufte. Das er noch weniger bezahlen konnte, als das letzte, das ihm der Gebrauchtwagenhändler angedreht hatte, ein auf neu frisiertes altes Wrack.

Wenn der sich mal überschlägt, sagte Steffen von seinem frisch erworbenen Cabriolet, bin ich weg.
Das war nicht seine Sorge. Die sah anders aus: fällig werdende Raten. Er telefonierte herum, bat um Vorschüsse, versuchte Kredit aufzunehmen.
Schreibst du eigentlich noch Gedichte?
Diese Frage verbot der Takt.

An einem Abend in unserem Wohnzimmer, ich weiß nicht mehr, wer alles da war, es kamen oft Freunde, ging die Unterhaltung um Gedichte. In Gedichten ist mir zuviel Wischiwaschi, sagte einer. Nehmt mal die Gedichte vom Ernst. Seine Prosa bringt mehr, versteht ihr? Da erfährt man knallhart was los ist im Knast, wo was faul ist.

Ich ärgerte mich. Mit »Wischiwaschi« fühlte auch ich mich in meiner Lyrik angegriffen. Ihr geht immer davon aus, daß man alles auf den Punkt bringen muß. Im Gedicht kommt eben mehr zu Wort als in einer bloßen Tatsachenbeschreibung. Schon allein durch die Beziehung der Worte zu einander, und die Assoziationen, die sie auslösen.

Es gab eine erregte Diskussion. Gedichte hatten engagiert zu sein, sie sollten Zustände anprangern, »Gebrauchslyrik« – der Zeitgeist war unerbittlich.
Steffen saß still dabei, er beteiligte sich kaum. Er sagte nur gelegentlich: Das ist doch alles nichts.
Eines seiner Gedichte ließ man gelten.
Hier – nehmt mal dieses Gedicht von Ernst: *Zelleninventar*.

Ein Tisch
Ein Stuhl
Ein Bett zum Hochklappen

Gibt es nicht so etwas Ähnliches von Günter Eich?
Ihr meint *Inventur*, sagte Steffen müde.

Günter Eich zählt in *Inventur* auf, was ein Soldat alles bei sich hat. Steffen statt dessen das Inventar einer Zelle, in der sich auch – neben vielem anderen – befinden:

Ein Gedicht von Prévert
Und
Mehrere Marzipanschweinchen

Vielleicht gab es einen realen Hintergrund und die Schweinchen waren ihm während seiner Haftzeit einmal geschenkt worden.
Schweinchen aus Marzipan charakterisieren auch das sechzehnjährige Mädchen in seinem Gedicht *Elsa*, das ein trauriges Ende findet:

Sie kam in der Nacht in mein Zimmer geschlichen
Und fand mich und brauchte kein Licht.
Wir haben die Sache dann durchgestrichen.
Doch die Liebe fand sie nicht.

Sie hat sich mit mir noch ein bißchen gestritten:
Das könne die Liebe nicht sein.
Dann ging sie und hat sich den Puls durchgeschnitten,
Und ich war wieder allein.

Sie war gerade sechzehn geworden,
Man sah es ihr noch an.
Aus ihrem Busen schluchzten die Torten
Und Schweinchen aus Marzipan.

Steffen machte eine abwehrende Handbewegung. Komisch, sagte er, seit einiger Zeit mag ich nichts davon hören. Ich habe mein eigenes Buch irgendwie über. Es ist so viel gesprochen worden davon.

Ein Jahr zuvor, *Lebenslänglich auf Raten* war gerade erschienen, kam er voll Stolz von der Buchmesse zurück. Sein Buch komme überall an. Das sei endlich wieder Lyrik, habe der und der geurteilt und ihn in eine Reihe gestellt mit…
Genet'sche Seelenexotik, wir wissen schon.
Wir zogen ihn gern mit dieser Blüte aus einem über seine Gedichte erschienen Zeitungsartikel auf. Sie schien ihm zu gefallen: Genet'sche Seelenexotik?

Jetzt erschienen andere Zeitungsartikel.
Überschrift: »Ernst S. Steffen kämpft um seine Existenz. Fiskus und Gläubiger lassen ihm keine Ruhe.«
Das war kein Sieger mehr, wenn er ihn hin und wieder auch noch hervorkehrte. Neben den Sorgen um das tägliche Durchkommen, zog sich allerlei Unübersichtliches über ihm zusammen.

Der Prozeß.
In einem in der Zeitschrift *Kürbiskern* veröffentlichen Auszug aus der *Rattenjagd*, hatte er einen Fürsorger in der Hierarchie des Vollzugs als »Prolet« bezeichnet. Der namentlich genannte Fürsorger erhob Anklage,

da er die Bezeichnung – Steffen: eine Auszeichnung – als Kränkung auffaßte.
Abgesehen von der psychischen Belastung kam auf Steffen eine Lawine von Prozeßkosten zu.

Ob er sich die Probleme, die nach der Entlassung auf ihn zu kamen, in dieser Weise vorgestellt hatte? Zumindest war er sich klar darüber gewesen, wie lebensfern und seelisch labil eine lange Haftstrafe macht. In der *Rattenjagd* hatte er es so ausgedrückt:
»Manchmal habe ich Angst. Ich muß noch dreieinhalb Jahre bewältigen. Was werden die mit mir machen, wenn mir eines Tages die Sicherung völlig durchbrennt? Was werden die machen, die nicht einmal im Stande sind, sich in die Mentalität eines unbelasteten Menschen einzufühlen, geschweige denn in einen, der jahrelang unter Belastungen lebt, die sie gar nicht begreifen. Nicht begreifen w o l l e n, weil ihnen sonst ihre plausiblen Erklärungen für Selbstmord, Wahnsinn und das Vorsichhinleben der Großzahl hier abhanden käme. Weil sie sonst umdenken müßten – und das ist so eminent anstrengend.
Seht doch, seht doch endlich, um Eurer selbst willen, um Eures Vorteils willen: Es ist sinnlos, was Ihr macht! Ihr schickt sie hierher – um sie kaputt, total unbrauchbar zu machen.«

Kaputt. Unbrauchbar. Unfähig mit Geld umzugehen. Unfähig, mit sich selbst vernünftig umzugehen, er trank, nahm Tabletten, kam morgens nicht aus dem Bett, schätzte Frauen falsch ein.
Einem Knastkollegen, der noch länger als er im Gefängnis bleiben mußte, beschreibt er seinen Zustand:

Es ist anders, Herbert.
Nichts mehr von dem, was wir träumten.
Wir träumten von Frauen.
Die Frauen sind weit weg
auf eigenen Wegen
nicht aufzuhalten.

Zu lesen in *Lebenslänglich auf Raten*. Es sind zwei fiktive Briefe, gerichtet an *An den, der zurückblieb*. Steffen bereitet darin den Freund auf die Zeit nach der Entlassung vor.

»Das Tor öffnet sich und du tust den Schritt mit deinem Köfferchen und deinen Erwartungen – und dann ist es schon aus. Das große Besetztzeichen erwartet dich schon unten auf der Straße.«

In seinem Hörspiel *Der Vertrauensbruch* erschießt sich ein aus der Jugendstrafanstalt Entlassener, weil ihm die Bewährungshelferin, die sich seiner, wie er glaubt, in besonderer Weise annimmt, die Hingabe verweigert: ein Vertrauensbruch.

Was die Frauenabstinenz in einem Männergefängnis bedeutet, entnehme ich einem Brief von Bertram:
»Mein Sexualtrieb findet keine Befriedigung. Meine übrigen Gelüste sind so weit reduziert worden, daß ich nur aus dem einen Grund esse, trinke, schlafe, scheiße, gähne, mich kratze: um die Urtriebe zu befriedigen oder vielleicht zu dämpfen, ohne die ich besser dran wäre.«

Und die erste Nacht
wird im Gekicher untergehen
über meinem Unvermögen

heißt es in Steffens Gedicht *Heimkehr*.
Und an Herbert:
»... da benimmt man sich so, wie ein Mann sich nach sechs Jahren ohne Frau benimmt, jedoch nicht so, wie ein Zuchthäusler sich zu benehmen hat; es war der Frau nämlich prophezeit worden, daß ein entlassener Zuchthäusler sich nach fünf Minuten Alleinseins mit ihr über sie stürzen und sie vergewaltigen würde ...«

Immer wieder, in seinen Gedichten wie in seiner Prosa, hadert er mit dem Vorurteil, das einem Ex-Knacki entgegengebracht wird und ein normales Dasein nahezu unmöglich macht.

Es ist anders, Herbert.

schreibt er dem Freund.

Nichts mehr von dem, was wir träumten.
Wir träumten von Freiheit
und Ankunft.
Wenn du herauskommst, bist du schon müde.

Steffens Müdigkeit. Abwechselnd mit rauschhaften Musikerlebnissen, Großspurigkeit, witzigen Bemerkungen, depressiver Unzugänglichkeit – was wir so von seiner Stimmungslage in der Familie registrierten. »Ich kann nur noch in der Trunkenheit fröhlich sein«, hat er einmal in einem Brief geschrieben. Ist es vielleicht so, daß man im Gefängnis noch auf etwas hin lebt, auf ein Leben nach der Entlassung, daß man noch wütend sein kann über Zusammenstöße mit Vollzugsbeamten, noch leiden kann, noch dichten kann... Und dann steht man vorm Tor. »Ein Schritt – und es ist geschehen. Profan wie eine Defloration, und danach die gleichen Spurenbeseitigungen – das große Bedürfnis nach Ankunft für etwas anderes als diese hilflos gewalttätige Physis.«

Wenn Herbert im Gefängnis noch die sogenannte Freiheit herbeisehnt, soll er wissen, was ihn erwartet: »Es ist noch alles da. Sogar den Schmerz habe ich wiedergefunden, jenen alten, weißt du, der einem den Gürtel durch die Eingeweide reißt und an dem sich nur leiden läßt, nicht zurückschlagen, weil da kein Gegenüber ist, kein Wachtmeister oder Mitgefangener oder Direktor und so. Einfach nichts, nur Schmerz.«
»Komm trotzdem heraus, Herbert! Es liegt noch Schnee auf Wegen.«
Ganz hoffnungslos will er den einstigen Gefährten nicht lassen.
In den frisch gefallenen Schnee kann man Spuren ziehen.

Mehr als durch seine Prosatexte mit den wütenden Ausfällen über den Strafvollzug und seine Auswirkung, wird mir durch Steffens Lyrik die Verfassung eines vom Leben in die falsche Ecke gedrängten Menschen verständlich. Am eindringlichsten in den einfach nur bildhaft erzählten Gedichten. Steffen hatte die Fähigkeit des naiven Blickes. Er konnte etwas neu sehen, es aus der Sache oder der Person heraus erfassen. Zum Beispiel in seinem Gedicht *Nekrolog für Vater*. Hier einige Passagen:

Der Krieg gefiel ihm nicht.
Er nannte ihn oft einen Scheißkrieg,
wenn es keiner hörte,
gegen eine Meute torkelnder Bäume
anpissend,
eine große Flasche unterm Arm.
– –
An seinem zweiundfünfzigsten Geburtstag
stand er im dritten Stock am Fenster
und war zweiundfünfzig Jahre alt geworden,
während der Himmel noch immer dieses Blau zeigte
an solchen Abenden.
Er hatte nichts mehr zu trinken.
– –
Und da ging er,
das EK II zurückgeben.
Endgültig.

Der Vater, der ihn in seiner Kindheit halbtot geprügelt hatte, wird vom Sohn verstanden als ein von Krieg und Gefangenschaft Geschädigter. Durch die lakonische Art der Darstellung kommt das Absurde daran zur Geltung, das sich auch auf Steffen selbst bezieht: Der Vater gibt die einzige Auszeichnung seines verfehlten Lebens zurück und verabschiedet sich von der Welt.

Ich zitiere aus Steffens Büchern, weil ich nur diese habe, um mich mit ihm auseinanderzusetzen. Eine Auseinandersetzung zu Lebzeiten hat es nicht gegeben. Wir hatten genug damit zu tun, uns auf ihn einzustellen. Sein Auftauchen in unserer Familie. Die Veränderungen, die sein Auftauchen nach sich zog. Sein Tod, bevor wir noch richtig begriffen, wie gefährdet er war.

Alle meinen es gut mit mir.
Sie sagen, ich muß raus aus dem Dreck:
Verstehst du Junge,
die alte Umgebung, die ist nichts für dich.
Jawohl, antworte ich,
es war die Umgebung.
Gebt mir eine neue Umgebung.

Seine Gedichte wirken auf mich wie mit einem traurigen Grinsen geschrieben, manchmal grob, manchmal zart. In *Notlüge* ist auf wenigen Zeilen das ganze Dilemma eines entlassenen Strafgefangenen ausgedrückt, der seine dunkle Vergangenheit zu vertuschen hat:

Abends ist die Zelle voll Sonne.
Wenn ich nach Hause komme,
Wird man mich fragen, wo ich gewesen sei,
Und ich werde sagen können:
Abends in der Sonne.

»Es ist noch alles da. Auch die Freude ist da, die alte Endstation« teilt er dem im Knast Zurückgebliebenen mit.
Freude? Tatsächlich, es gibt einen von Steffen in der Zelle geschriebenen Text in der *Rattenjagd*, dem Freude abzulesen ist:
»Das ist wohl die sogenannte blaue Stunde, nicht wahr? Ich bin heute abend in versöhnlicher Stimmung. Ja. Ganz versöhnlich. Ganz leise. Es schnurrt in mir wie in einer Katze...
Guten Abend, schöner Abend. Ja, guten Abend!
Wonach riecht das? Tabak, Schweiß, Männer – ja, aber das andere auch, dieses andere: Bäume, Gras, Erde, Blumen, Abend und alles. Und das große, unsagbare, Allesüberriechende.«

Es ist noch alles da. Auch in den nächtlichen Geräuschen, die aus der Welt draußen in seine Zelle dringen: »...dann liegt man da und hört die Schwalben ihre schrillen Sturmangriffe fliegen und die Köter kläffen, unter denen einer ist, der hysterisch sein muß so kläfft er, heiser, keifend, japsend, röchelnd und ein ganz klein wenig wie ein Junge, der zu bellen versucht.«

Für seine Empfindungen läßt er hier nur die Geräusche sprechen.

Sein Kommentar zum Aufenthalt in einer Arrestzelle ist dagegen schonungslos direkt:

»Die Zeit ist steckengeblieben in einer dicken zähen Masse. Sie stinkt. Alles stinkt. Die Heizung stinkt. Die Schritte über mir stinken. Die Bibel stinkt. Das Brot stinkt. Das Leben ist ein furioser Gestank. Und ich habe nur noch Geruchsnerven…«

Ich frage mich immer wieder, wie es vom Gesetzesgeber gedacht ist, Menschen, die sich einen Rest von Empfindsamkeit bewahrt haben, der rohen Umgebung einer Vollzugsanstalt auszusetzen. Warum nicht wohnliche Einrichtungen mit Zimmern, statt Zellen, mit Betreuern, statt Aufsehern. Vielleicht weil der Staat, wie ich gelesen habe, ein Recht auf Sühne hat.

»Und wenn keiner mehr da wäre«, schreibt Steffen an die Adresse der Justiz, »es gäbe ihren Typ noch, ihre Krankheit. Weil da niemals eine Schuld war. Weil da immer nur eine Pflicht war, die es zu erfüllen gab und *Vorschriften*, die zu beachten waren und *Ermessensgrenzen* und eine *Sicherheit* und *Ordnung* und *Disziplin*, die es zu wahren galt.«

Bertram in einem Anfall von Hoffnungslosigkeit: »…und ich bin mutlos wie noch nie. Es ist bestimmt nicht männlich, aber ich heule gerade wieder. Ich möchte nicht mehr weiterleben. Ich bin so müde. Es ist feige, so zu sprechen, aber wie soll ich das verkraften.«

Steffen hätte ihm raten können. »Man muß sich gegen die Wand stellen, ganz nahe, die Handflächen dagegen gepreßt, und in das Weiß der Wand starren. Dann geht's vorbei.«

Die beiden kannten sich nicht. Hätten sie sich damals in Bruchsal oder Mannheim kennengelernt, vielleicht hätten sie sich verstanden.
»Freundschaften gibt es hier nicht«, schreibt Bertram. »Bücher sind meine Rettung, ohne sie hätte ich schon längst einen Knall.«
Die Bücher waren auch Steffens Rettung. Er las Goethe. Er las Heine. Und er schrieb in seiner Zelle ein beinahe klassisch zu nennendes Gedicht mit dem Titel *Perspektive*:

Ich sehe eine Frau
jenseits der Mauer.
Sie geht unter Bäumen
und bückt sich,
etwas einzusammeln –
und ich sehe, es gibt
noch Früchte,
die unter Bäumen liegen.

Ich sehe einen Mann
jenseits der Mauer.
Er geht über Wege
und schaut nach der Frau
und nach den Bäumen –
und ich sehe, es ist
noch die alte Frage
zwischen den beiden.

Ich sehe ein Kind
jenseits der Mauer.
Und von den Höhen herunter
tropfen die Schüsse
übender Soldaten –
und ich sehe es tönt
noch die alte
Antwort darauf.

Gestern, erzählte uns Steffen, habe ich das Türschild angebracht.
Er hatte gerade seine kleine Gernsbacher Wohnung bezogen.
Ein Türschild? Und was steht drauf? Ernst S. Steffen, Schriftsteller?
Nein, sagte er. Nur Ernst S. Steffen.
Dein Name spricht ja auch für sich. Ich meine, du bist eben wer, das hört man schon an dem S. Punkt. Warum sagst du nicht, daß du Siegfried heißt, wie dein Vetter Unseld?
Darauf ließ er sich nicht gern ansprechen. Tatsächlich war er mütterlicherseits mit dem Verleger Unseld verwandt, und der hatte sich auch nach Steffens Entlassung zunächst um ihn gekümmert und ihm Wohnung und Anstellung in einer Karlsruher Setzerei verschafft. Doch als Steffen nach kurzer Zeit die Arbeit hinwarf und nach Heilbronn ging, zog Unseld sich enttäuscht zurück. Steffen verübelte es ihm. Das Zerwürfnis hatte vielleicht auch seinen Grund darin, daß er auf eine Veröffentlichung seiner Gedichte im Suhrkamp-Verlag gehofft hatte.

Und was macht die Liebe, Steffen?
Er zog das Foto eines Mädchens aus der Tasche.
Über die Beziehung zu einem Mädchen hat er einmal geschrieben: »Ich habe sie mitgenommen wie einen Strohhalm. Als sie ging, war es zu Ende.«
Er hat Frauen beschimpft und heruntergezogen, wenn sie nur ein flüchtiges Glück mit ihm suchten, nicht aber mögliche Erniedrigungen und Unsicherheiten eines gemeinsamen Lebens in Kauf nahmen. Steffen setzte jede neue Beziehung gleich Rettung, aber unter seinen Bedingungen.
»Ich hätte ihr gezeigt, wie gemein und schön diese Welt ist. Ich hätte sie Qualen und Freuden erleiden lassen und Leben gezeigt.«

Und dann gab es doch eine Frau, die glaubte, mit ihm eine Ehe eingehen zu können. Er kannte sie schon von früher her. Er stellte sie uns als seine Verlobte vor. Wendete sich sein Schicksal noch einmal zum Guten? Sie schien ihm Rückhalt zu geben und er hatte wohl das Gefühl, die lebenserfahrene Frau werde ihm aus seinen inneren Zwiespälten heraus helfen. So gab es noch einmal einen Aufschwung in seiner Gemütslage. Wir erlebten das Paar bei einem gemeinsamen Ausflug im Sommer 1970, es war ein richtiger Familienausflug. Steffen machte Fotos, spielte mit den Kindern Ball und warf dem Hund Stöcke zum Apportieren. Er genoß sichtlich das normal bürgerliche Sonntagsvergnügen.

Ich erzählte Steffen einmal von einem tschechischen Film, in dem das Glück zwischen zwei Menschen in ein Leben nach dem Leben verlegt wird. Ein junger Mann will eine alte Jüdin vor der SS retten. In seiner Aufregung stößt er die verständnislos sich Weigernde in einen Verschlag. Nach Abzug der SS findet er sie dort tot, das Erschrecken vor seinem Rettungsversuch hat ihr Herz versagen lassen. Darauf erhängt er sich am Türrahmen.
Aber nun sieht man in Zeitlupe beide Arm in Arm zum Walzer der Blasmusik und unter wehenden Fahnen dieselbe Straße hinuntertanzen, die soeben noch vom Marschtritt der SS erschüttert wurde.
Der Film verbindet das scheinbar Unvereinbare, die äußerste Verzweiflung mit dem äußersten Glück, in diesem Leben offenbar nicht zu verwirklichen.
Else Lasker-Schüler, sagte Steffen. Er brauchte mir nicht zu sagen, welches Gedicht von ihr er meinte. Was die Poesie anging, verstanden wir einander, ohne viel sagen zu müssen. Das Gedicht heißt *Liebeslied*.

Angeklagter, sagen Sie uns Ihren Namen.
MEIN NAME IST ALI. ICH HABE EINE RATTE GETÖTET.

Wer war dieser Steffen, alias *Ali*, wirklich? Nach seinen Akten war er renitent, unbelehrbar, Gewohnheitsverbrecher. Nach seinen Freunden war er ein Barockmensch, ein zweiter Villon, und ein Romantiker.
Er selbst hatte wohl zu lange unter Bevormundung gelebt, um sich als Person wahrnehmen zu können.

In dem Gedicht *Ich bin noch da* sind es ein paar verwunderte Sekunden:

Ich bin noch da.
Manchmal ertappe ich mich,
daß ich noch da bin.
Manchmal ganze Sekunden lang.

Manchmal klingelt abends ein Käfer
an die Neonröhre,
da ertappe ich auch diese Zelle;
sie sieht schlecht aus,
wenn sie sich ertappt weiß. Ich lasse ihr Zeit
und schaue aus dem Fenster.
Es ist verboten,
aus dem Fenster zu schauen.

In der Nacht versuche ich zu schlafen.
Das ist alles,
was ich am Morgen noch weiß.
Manchmal glaube ich,
es fehlt mir nur ein Mädchen.
Oder wenigstens der Gedanke
an ein Mädchen.

Manchmal besucht man mich.
Ich freue mich über Besuch.
Besucher sehen mich immer
lächelnd vor Freude.

Ich vergesse oft,
was ich eben noch wollte,
und weiß nicht mehr,
ob das früher auch so war;
früher ist so weit weg.

Ich vermute
ich bin nur provisorisch gemeint;
irgendwann wird man mich
zu Ende denken und
dann bekomme ich
diese Jahre zurück.

Ich werde von mir getragen
wie ein Anzug.
Ich hoffe,
daß ich nach meiner Entlassung
noch ein Leihhaus für mich finde.

Beim Abtippen dieses Gedichtes fällt mir wieder der Zeitungsartikel ein, in dem das Gedicht abgedruckt war, und mit dem die Steffen-Geschichte, an der ich gerade schreibe, ihren Anfang nahm. Meine Erschütterung damals, daß es Menschen gibt, die ihr eigenes Wesen nicht mehr erreichen. Die sich tragen wie einen Anzug.

»Irgendwann wird man mich zu Ende denken.«
Wegen dieses Satzes sitze ich hier und schreibe. Zu Ende denken kann ich Steffen nicht, das müssen die für den Strafvollzug Verantwortlichen tun.
»Hier, seht Euch das an«, notierte er auf einem Briefumschlag. »So lebe ich. Ich lebe noch.«
Und in der *Rattenjagd*:
»... nur eine leise Erinnerung an das andere Ich, oder was es sein mag, hält mich ab, laut und hemmungslos und ohne Ende hinauszulachen in ein immerwährendes, endgültig befreiendes Gelächter. Aber es ist nicht weit. Ich könnte es bereits. Es verbleibt mir. Ich werde es aufsparen.«

Steffen hinterließ in seiner winzigen Gernsbacher Wohnung neben randvollen Aschbechern und einem tischhohen Haufen Papierabfall auch ein Schränkchen voll leerer Medikamenten-Röhrchen und -Schachteln.

Beruhigungs- und Aufmunterungsmittel, Antihistamine gegen allergische Erscheinungen. Schmerztabletten. Die machen doch müde, diese Antihistamine, fragte ich ihn einmal. Dann nehme ich was dagegen, antwortete er. Und dann kann ich nicht schlafen und muß wieder was nehmen, um müde zu werden.
Aber Steffen – das hält doch kein Mensch lange aus!

»Bis heute: neun Jahre lang diese Schwelle zum Schlaf, diesen Schlag mitten ins Schmerzzentrum, der mich zurück ins Wachen oder vorwärts in die Bewußtlosigkeit schleudert.«
Da die *Rattenjagd* erst nach seinem Tode veröffentlicht wurde, waren wir noch unbelastet von solchen Sätzen.
Steffen humpelte.
Was ist los mit dir? fragte mein Sohn.
Ich träume schlecht.
Er war im Traum aus dem Bett gesprungen und hatte sich den Knöchel derartig an die Holzleiste des Bettes geschlagen, daß er nur mit Mühe gehen konnte.
Kalte Umschläge sind gut dafür, Steffen. Was ist übrigens mit deiner Lippe los?
Die Oberlippe war geschwollen.
Vielleicht solltest du mal zum Zahnarzt gehen.
Zum Zahnarzt?
Er ging zum Zahnarzt. Die Schwellung kam wieder. Es ist eben bloß eine Allergie.
Gegen was, beim Teufel, bist du allergisch?

Um mitzuerleben, mit welchen Gefühlen einer hinter Gittern sitzt, müßte das Fernsehen einmal nichts anderes als den normalen Tagesablauf eines Gefangenen bringen, untermalt von hallenden Schritten und Eisen-auf-Eisen-Geräuschen. Nach zwei Stunden die Zuschauer: Stellt bloß den Kasten ab!
Keine Sorge. Schon ein 40-Min.-Film wie *Einzelhaft* hatte es schwer, ins Programm zu kommen. Der Film gebe zu viel von der unheilvollen Stim-

mung in der Strafanstalt Fuhlsbüttel wieder, wurde argumentiert. Außerdem: Filme über Strafgefangene liefen schon oft genug im Fernsehen: Womöglich glauben die Gefangenen bei so viel Aufmerksamkeit nicht sie, sondern die Gesellschaft sei schuld an ihrem Fehlverhalten.
Steffen wurde von einem Richter bescheinigt, daß er die Fähigkeit, seinem Lebensschiff den rechten Kurs zu geben besitze, aber keinen Gebrauch davon mache.

In dem Gedicht, das ich bei seiner Lesung gehört hatte, war auch von Schiffen die Rede. Er baut sie in leere Flaschen. Er gibt ihnen Namen, Lotte und Werther.
Man stellt solche Flaschen zur Ansicht auf. Sie sind ein Wunderwerk an Geduld und Liebe zum Detail. Modelle von Weltumseglern. In die Enge einer Flasche gebannt, erinnern sie an die Flaschengeister im Märchen.

Die Polizei behauptete später,
die Schiffe seien unauffindbar.

Das Gedicht, in dem die Verse stehen, heißt *2. Rate*. Es wurde sowohl in *Lebenslänglich auf Raten*, wie auch als Loseblatt-Lyrik veröffentlicht. Man konnte es zur Ansicht an die Wand heften. »Ich möchte Euch ein Stück Eures gediegenen Daseins stehlen«, hatte der Autor verkündet. Nun hing es vielleicht in einem »gediegenen« Wohnzimmer. Glaubte Steffen wirklich, mit Versen darauf aufmerksam zu machen, »was alles unter Euch geschieht, in diesem Moment, in allen Momenten, während Ihr mich selbstzufrieden einen Verbrecher nennt?«

Gernsbach. Ernst S. Steffen. Ein Name auf einem Türschild, die selbstverständlichste Sache der Welt.
Hier wohne ich also –
Ein wenig dunkel. Ein bißchen eng. Im Souterrain, wie man hier sagt.
Ist es feucht? Kaum.
Vorm Fenster ein winziges, verwildertes Gartenstück, von einer Mauer begrenzt.
Ich sollte eigentlich mal das Gras schneiden.

Über die Mauer kommt wer gewetzt.
Steffen läßt den Struppi rein. Er riecht nach Nässe, Herbstregen.
He – du! Schütteln kannst du dich draußen!
Struppi schüttelt sich. Der Ofen zischt.
Vorm Ofen der halbleere Futtertrog. Struppi wendet sich angewidert ab.
Frißt er nicht?
Das Zeug aus der Dose schmeckt ihm nicht mehr.
Die neue Bücherwand macht sich gut. Wirklich. Du liest Sternheim?
Steffen legt eine Platte auf.
Die Stereo-Anlage. Besser als unsere.
Besser als eure.
Er demonstriert den Sound und jagt Mozart von Lautsprecher zu Lautsprecher.
Schreibst du eigentlich noch Gedichte?
Ich sollte mal das Papier wegschaffen.

Seine Schreibmaschine ist ein mächtiger Apparat. Meine kleine Reisemaschine ginge da zweimal rein, Steffen.
Er fragte mich, ob ich Lust hätte, mit ihm nach Baden-Baden zu fahren? Natürlich hatte ich Lust dazu. Er hätte mir das Funkhaus gezeigt, mich mit den Kollegen bekannt gemacht. Und ich hätte das berühmte Cabrio einmal in voller Fahrt erleben können. Aber ich mußte nach Hause. Die Familie wartet schon. Nächstes Mal bestimmt, sagte ich.
Auf der Strecke zwischen Baden-Baden und Gernsbach ist es ein paar Wochen später passiert.

Jetzt, beim Schreiben, gehen mir wieder und wieder die Monate und Wochen vor dem Unfall durch den Kopf. Was hatten wir bemerkt und wie war es zu Steffens Lebensunlust gekommen?
Wenn er zu uns kam, saß er am liebsten in der unaufgeräumten, bis an die Decke mit Krimskrams und Bildern vollgestopften Behausung des Sohnes. Eine Kerze auf einem Koffer, Farbtöpfe, Lackgeruch und den nach alter Asche. Hatten wir ihn nicht früher oft mit seiner Vorliebe fürs Gepflegte aufgezogen?

Wie geht's denn so in Baden-Baden?
Da hörte sich manches ganz erfreulich an. Beim Fernsehen würde ihm eine feste Anstellung in Aussicht gestellt. Dann war von einem Job in Arabien die Rede. Von einer Auftragsreise in die USA. Von einem Vertrag mit einer Buchgemeinschaft, und was sonst alles nichts wurde.
Das Zufallen der Türen ging leise vor sich.
Erst viel später hörten wir von Mitarbeitern, er sei unpünktlich gewesen, immer müde, und dazu noch anspruchsvoll. Wie lange sollte man da noch Rücksichten nehmen? Einmal mußte die Haftzeit doch überwunden sein?

Was Steffen seine Schizophrenie nannte, hatte im Spätherbst 1970 einen Grad erreicht, zu dem nichts mehr hinzukommen durfte, aber es kam noch hinzu. Enttäuschungen beim Sender Baden-Baden. Massive Geldsorgen. Der Prozeß.
Hier verstand ich ihn kaum.
Warum hatte er es darauf ankommen lassen und keinem gütlichen Vergleich zugestimmt? Ehrlich, Steffen, ich hätte mich auch nicht gern Prolet nennen lassen.
Er erklärte mir die Sache zum dritten Mal.
Hier wird nicht ein Herr Schmidt persönlich als Prolet bezeichnet, sondern seine Stellung als Fürsorger.
Ja aber – warum erscheint er dann unter vollem Namen?
Weil das, was ich schreibe, die Wahrheit ist, und die hat Namen. Jeder wird bei seinem Namen genannt, bei seinem richtigen. Ich bin lange genug zur Verantwortung gezogen worden. Jetzt ziehe ich zur Verantwortung.

Zunächst war er zu 50 DM Geldstrafe verurteilt worden. Warum er nicht bezahle und die Sache sei aus der Welt? Wenn er Berufung beantrage, gehe es eines Tages in die Tausende.
Es geht jetzt schon in die Tausende.
Gerichtskosten.
Ich übersah die Angelegenheit nicht, mit Gerichten hatte ich noch nie

zu tun gehabt.
Er beantragte Berufung und verlor. Jetzt kamen die Forderungen des Berufungsgerichtes hinzu.
Er stellte einen Revisionsantrag.
Am 5. November 1970 wurde vom Oberlandesgericht Karlsruhe die Revision verworfen.
Er hatte die Kosten der Revision einschließlich der Auslagen, »die durch dieses Rechtsmittel ihm und dem Privatkläger erwachsen sind« zu tragen.
Wie soll das nun weitergehen, Steffen?
Verfassungsbeschwerde.

Es hat seinen eigenen Witz, wenn sich in unseren Tagen das Wort »Prolet« selbständig macht, wenn es Menschen und Zahlen in Bewegung setzt und einen Umfang annimmt, der nichts Reales mehr besitzt.

Während des Prozesses war er manchmal noch alte Steffen, der es mit allen aufnehmen wird: Die werden schon sehen, was sie sich eingebrockt haben. Bezahlen werde er nicht. Er werde die Haftstrafe annehmen, wenn sie ihn verknacken... Ein Aufsehen wird das geben! Und dann werde er auspacken, damit jeder merkt was faul ist im Vollzug!

Und der Ernst kommt mit dem BMW am Knast vorgefahren, Presse, Funk, Fernsehen, alles da, und Struppi natürlich, und wir alle natürlich! Und wir besuchen ihn dann und bringen Kuchen... witzelten die Kinder. Steffen freute sich.

Am Sonntag, 22. November 1970, stellte sich auf dem Stuttgarter Kongreß der Verband deutscher Schriftsteller hinter ihn.
Am Vormittag dieses Tages kam er auf einen Sprung bei uns vorbei. Er war, so schien es mir, ungewöhnlich blaß und hielt in der Hand ein weißes, verknülltes, blutiges Tuch. Um Gottes Willen, Steffen, ein Verkehrsunfall?
Das Tuch war eine weiße, mit roter Borte bestickte Bluse, die einer

Bekannten zu klein sei, vielleicht passe sie unserer Tochter?
Lächerlich. Wie war ich bloß auf Verkehrsunfall gekommen.
Ich fahre nachher nach Stuttgart, sagte er.
Will jemand von euch mit?

Die Verwechslung war bezeichnend für die angespannte Situation. Wer Steffen kannte, rechnete mit einem Unglück, auch wenn niemand es sich eingestehen mochte.
»Wenn ich Auto fahre, weiß ich, daß ich umkommen kann. Es wäre mir gleich.«
Wir hätten seine Texte genau nehmen sollen.

Steffen half jedem, der sich an ihn um Hilfe wandte. Er suchte Unterkünfte, schleppte Autos ab, vermittelte Manuskripte und Filme, ließ bei sich wohnen und lud ein.
Als er sich wegen drohender Zahlungsbefehle bei einem aus unserer Familie einmal Geld auslieh, kam ihm zu Ohren, ein anderes Familienmitglied habe zu dem Betreffenden gesagt: Dein Geld siehst du nicht wieder.
Er ließ sich einen Monat lang nicht blicken.
Und dann stand er plötzlich mit dem Scheck da.
Eigentlich, sagte er, und unterzeichnete mit einem feierlichen »Ernst S. Steffen«, wollte ich mal eine Zeitlang nicht mehr kommen.
Es ging doch nur darum, daß du bei deiner finanziellen Lage nicht zurückzahlen kannst, was ja auch ganz okay ist...
Da seht ihr, daß ich kann.
So stolz wie auf diese Rückzahlung war er nur auf sein erstes Buch.
Seine finanzielle Lage war verzweifelt.
Wir tranken. Auf ein besseres Leben.
Nein, er sagte: auf ein schöneres Leben.

»Ich kann nicht leben als Bürger und nicht ohne Bürger zu sein. Ich kann nicht als Außenseiter leben, ich kann gar nicht leben«, stand auf einem Zettel in seinem Nachlaß.

Am letzten Abend bei uns, vier Tage vor seinem Unfall, trank er nur Saft. Alkohol vertrug er nicht mehr. Es war der Abend, an dem er so spät kam und so kurz blieb. An dem er von dem bevorstehenden Preiskegeln erzählte und von der Hochzeit seines Bruders, für die er schon den Anzug gekauft habe. Wovon sprachen wir sonst, man legt sich die Worte zurecht, überdenkt die Stimmung, aber nur Alltäglichkeiten fallen mir ein. Gab es wirklich nichts Wichtigeres zu besprechen, als die Frage, ob wir uns eine Geschirrspülmaschine anschaffen sollten. Keiner von uns hat Lust zum Abwaschen, sagte ich. Wir standen in der Küche und beobachteten die Katze beim Milch schlabbern.
Geschirrspülmaschine? Seid ihr verrückt?
Wir sprachen auch über Italien. Ihr wart doch im Sommer da? War es noch so?
Venedig? Aufgeputzt und krank. Enttäuschend. Es war nicht mehr, was es mal war.
Nichts ist mehr, was es war, sagte Steffen.

Seine Niedergeschlagenheit hatte nicht nur mit finanziellen Sorgen zu tun. Er litt mehr und mehr darunter, auf Bestellung schreiben zu sollen. »Es ist schlecht bestellt um meine Konzentration in letzter Zeit. Ein paar Gründe weiß ich sogar. Einer davon ist, daß ich immer schrieb, um des Schreibens willen, und jetzt schreiben muß, um meinen Lebensunterhalt zu verdienen. Das ist eine Belastung, an der ich wohl noch gemütskrank werde; die ersten Anzeichen sind da.«
(Aus einem Brief)

Schreiben war das Einzige, was er je aus eigenem Antrieb unternommen hatte. Schon als Tagebuch schreibender Heimzögling war es eine persönliche Freiheit, die er sich da herausnahm.
Jetzt holte ihn das Muß wieder ein, und es sah nicht viel anders aus, als das altbekannte, vor dem er schon in der Setzerei davongegangen war.
Himmeldonnerwetter, soll er sich doch mal zusammenreißen!
Sagen Sie das einem ehemaligen Häftling, dem das Müssen das halbe Leben bestimmt hat. Alle Anläufe werden dann an einem »Muß« zum

Stehen kommen.
Er hätte es auch weiterhin haben können, wird man einwenden: das Schreiben um des Schreibens willen.
In einem Dachkämmerlein Marke Spitzweg und ohne Sport-BMW auf Raten?

Das Schreiben im Gefängnis ist vielleicht als Steffens letzter Coup zu verstehen. Das Ding, das er drehte, war ein Buch. Und wie nach einem geglückten Banküberfall lebte er als Autor bei Luchterhand über seine Verhältnisse. Die Folge: er schuldete seiner Stellung als Autor neue Schreibakte.
Vom Zwang war er in die Zwänge geraten.

Steffen wurde krank. Mit schmerzendem Magen und vernebeltem Hirn saß er vor der Schreibmaschine, um ein längst angefordertes Expose zu verfassen.
Er hätte es voraussehen können.
In wachen Augenblicken sah er es genau. Und diese wachen Augenblicke machten den Steffen so müde. Riefen wir gegen 12 Uhr mittags bei ihm an, meldete sich nach geraumer Zeit eine verkaterte Stimme: Was weckt ihr mich denn so früh.

Es war gekommen, wie es kommen mußte.
Muß, was kommen muß, auch wirklich eintreten?
Was hätte man tun, was verhindern können?
Wer ihn kannte, wird sich immer wieder diese Fragen stellen müssen.
Vielleicht hätte es doch eine Möglichkeit für ihn gegeben?

Als das Fernsehen einen Film über den Jugendstrafvollzug plante, verstand man es, Steffen – fast – davon zu überzeugen, daß gerade e r viel zu befangen und deshalb nicht der richtige Autor für ein solches Vorhaben sei. Oder wollte man das, was er die »Mülleimer eurer Gesellschaft« nannte, dem Fernsehzuschauer ersparen? Zu viel dreckige Welt im Abendprogramm?

Hatte er einst beschreiben wollen »wie es hinter den Fassaden Eurer Sicherheit zugeht« – was er zu sehen bekam waren die seit eh und je unerschütterlichen Fassaden.

»Ich hab 'ne Sauwut im Bauch. Gestern Nachmittag haben die Bullen Georg von Rauch erschossen – ermordet. Hier findet zur Zeit eine Riesenhetzjagd statt. Berlin wird immer mehr zu einem Polizeistaat. Die Demonstration war eingehüllt von Polizisten mit Helmen, Schlagstöcken, Tränengasbrillen. Wir begnügten uns ›Mörder‹ zu schreien.«
Gestern erhielt ich diesen Brief unserer Tochter aus Berlin.
Dezember 1971. Steffen ist jetzt schon ein Jahr tot.
In welcher aufgeheizten Zeit leben wir! Zum Verständnis der Steffen-Geschichte gehört auch das erbarmungslose Zur-Schau-Stellen der Staatsgewalt. Nein, ich bin keine Sympathisantin der jungen Leute, die ihrerseits zu rücksichtsloser Gewalt gegriffen haben. Die schießen und erschossen werden. Aber ich lasse mich nicht darüber hinwegtäuschen, daß es Jugendliche sind wie unsere eigenen Kinder, die da verfolgt werden. Wie unsere Tochter mit ihrem zornigen Brief.

Dagegen ist Steffens Ende ein ganz »normaler« Unfalltod. Nichts Tragisches wird in Szene gesetzt, kein Held strahlt noch einmal auf vor dem dunklen Hintergrund seiner Lebensgeschichte. Nur ein »schäbiges Bündel Mensch« liegt da im Scheinwerferlicht der Polizei. An eine Fichte gequetscht, mit starken Unterkühlungen. Allerweltsuntergang auf der Landstraße.

Ein Untergang, dem mit modernsten klinischen Mitteln noch zwei Wochen Leiden abzugewinnen war.
Wo gab es in dem fast zwangsläufigen Ablauf der Steffen-Geschichte einen Augenblick, an dem seinem Schicksal noch in den Arm zu fallen war? Wo die erste Straftat nicht begangen, der Vollzug unvollzogen, ein Leben, wie er es sich wünschte, noch möglich gewesen wäre? Die Stelle, an der noch alles ganz anders hätte laufen können?
»Niemand fragte mich«. Das Kind, wäre es gefragt worden, hätte

bestimmt nicht eingewilligt, auf dem Weg durch Anstalten und Institutionen seiner Abenteurerlust, seiner Kreativität beraubt zu werden. Kreativität, die umschlägt ins Verbrechen – gibt es das?

Aber er schrieb doch Gedichte, er besaß sie doch, die Kreativität! Nur hätte er sie nicht ausschließlich destruktiv einsetzen dürfen, sagen seine Kritiker.
Der Vorwurf, sich nur auf ein einziges Thema festgelegt zu haben, folgte ihm bis zu seinem Ende. Dabei hatte er noch etwas anderes geschrieben, das Drehbuch zu einem Fernsehstück mit dem Titel *75*.

Im Grunde war auch dies sein Thema. Es handelte nicht von Erziehungsheim und Vollzugsanstalt, sondern von dem verängstigten und gedemütigten Dasein einer Frau im Altenheim. Steffens Regieanweisung: »Der Wellensittich nämlich »schlägt jedesmal Krach, wenn ihn die Kamera entdeckt«, – und bei einer entwürdigenden Essensszene »rast er in seinem Käfig hin und her und freut sich und freut sich«. Auf der linken Spalte, meinte Steffen melancholisch, darf man wenigstens noch lyrisch werden.

In *Lebenslänglich auf Raten* gibt es eine Reihe von Liebesgedichten. Nicht angefordert von irgend einer Seite. Nicht im Gefängnis geschrieben. Die Trauer, die aus ihnen spricht, ist jedoch auch in Beziehung zu seiner Lebensgeschichte zu lesen. Wie in diesem unveröffentlichten Gedicht:

Komm.
Laß uns Steine brechen statt des Brots
und mit Zement unsere Sehnsucht verschalen,
Du.

Die Götter sind alt,
und die Feuchtigkeit der Dome
tränkt ihren Groll gegen uns.

Steine sind gleichgültig,
es lassen sich Träume aus ihnen meißeln
oder ein Grabmal dafür.

Steine sind gut.
Auch Sisyphos fluchte nicht dem Stein
Und keiner der Gesteinigten.
Steine sind gut.
Laß sie uns häufen
zu einem Versteck
rundum.

Wie in einem Zirkus;
Ich Dein Clown meiner Kinderträume,
meine Narrenschellen an Deiner Kehle;
Dein Feuerschlucker.
Alle Deine Feuer verzehrend;
Dein Reiter;
an Deiner Zärtlichkeit voltigierend.

In einen Kasten will ich dich legen
letzten Vergessens
und mit meinen Tränen zersägen
und die Unendlichkeit aus dir zaubern
und sie mit Dir teilen.

Verse von einem, der als Schläger in den Akten geführt wurde. Schlagen und Geschlagenwerden ist doch die einzige Sprache, die diese Burschen verstehen. Und dann versteht einer eine andere Sprache und vermag sich in ihr auszudrücken. Der Poesie gegenüber erwiesen sich die Strafpraktiken des Vollzugs als machtlos. Wenn Steffen von den in der Zelle aus seiner Jackentasche entwendeten Gedichtmanuskripten erzählte, blitzte verwegener Stolz auf: die konnten mir nichts. Außerhalb des ihm zugestandenen Primitivbereichs war der Schläger nicht zu fassen.

Er muß bei seinen Fluchtversuchen ein ähnliches Glück empfunden haben.

Ein Glücksgefühl, das sich draußen, in der Freiheit, nicht mehr einstellen wollte. Wenn er auch als Dichter Anerkennung bekam – betroffene oder wütende Reaktionen auf seine Schriften blieben aus. Der Widerstand war weg. Die Verständnislosigkeit im Grunde die alte.
Sie sollten sich jetzt, Herr Steffen, als vom Zwang der Verhältnisse unabhängiger Schriftsteller beweisen. Das Thema wechseln, den Gesichtskreis erweitern, neue Eindrücke verarbeiten. Gewinnen Sie Distanz zu Ihrer eigenen Vergangenheit, legte man ihm nahe.

Distanz zu seiner Vergangenheit? Sie war es doch, aus der heraus er eine Sprache fand, die verfügende Sicherheit der Ämter vom Jugendamt bis zur Justizbehörde zu erschüttern.
Daß sich dies nicht erfüllen würde, ahnte er schon in der Vollzugsanstalt.
»Ich bin müde. Hat es überhaupt Sinn, das alles zu schreiben? Und welchen Sinn sollte es haben? Und niemand, den ich fragen könnte. Alles leer. Leergebrannt. Ausgelöscht. Auch das bisher Gesagte ausgelöscht. Mein Gedächtnis eine Schiefertafel, über die die Ereignisse wischen.«
Die während der Haft geschriebenen Sätze nehmen in ihrer Hoffnungslosigkeit die Antwort vorweg, warum Steffen nach seiner Entlassung nicht mehr geschrieben hat. Da war er eben n o c h hoffnungsloser.

Du lächeltest erst zuletzt,
als es aussichtslos war für mich.
Vielleicht wenn du früher gelächelt hättest

(aus einem unveröffentlichten Gedicht)

Es wird viel geschrieben in der Bundesrepublik.
Ärgerlich, wenn da einer behauptet, nicht mehr schreiben zu können.
War schon alles gesagt? Hatte die Drohung das letzte Wort?
»Wundert Euch nicht. Wundert Euch nicht, wenn die altgewordenen, die

zu alt gewordenen *Alis* Waffen in den Händen haben. Es sind Hände, in die nichts anderes gelegt wurde.«

»Ich bin übrigens nie böse«, schrieb Steffen in einem Brief kurz vor seinem Unfall. »es ist immer Trauer. Trauer um das Verlorene, das ich im Begriffe bin, immer mehr zu verlieren; es rinnt weg, unaufhaltsamer, als die Jahre hinter Gittern es verloren gehen ließen.«

Sein Unfall mag nicht beabsichtigt gewesen sein, aber vermeidbar wäre er gewesen. In anderer seelischer Verfassung hätte er die Kurve vorsichtiger genommen. Er konnte fahren, wir kannten keinen geschickteren Fahrer.

Offenbar war er in einer Stimmung gewesen, in der ihm alles egal war. *Mitternacht* heißt ein Gedicht, das er in der Zelle schrieb:

Der Schatten des Gitters paktiert
mit dem Kruzifix an der Wand.
Sie beschließen meinen Untergang,
symmetrisch und unanfechtbar.

In dem Gedicht stimmen die Dinge und sogar die Schatten der Dinge seinem Untergang zu, sie beschließen ihn. »Beschwerden sind offensichtlich unbegründet«, so resigniert enden diese Verse.

Aber Steffen beschwerte sich.

Er nahm nicht hin und wußte doch, hinnehmen oder draufgehen, mehr stand nicht zur Wahl.

Er war kein Bühnenheld, dessen Schurkendasein von einem tragischen Abgang verklärt wird. Sein Abgang war nicht erhebend, er war niederschmetternd.

»Ich kämpfe nicht. Ich kämpfe nicht, weil Kampf aussichtslos ist. Ich führe Beweis. Und nur das will ich beweisen: Kampf ist sinnlos.«

Ich komme noch einmal auf diese Sätze zurück. Sie stehen in der Mitte der *Rattenjagd*, deutlich vom Zusammenhang des Textes abgehoben. Man darf sie, glaube ich, als Steffens Fazit ansehen.

»Eine Rosinante«, nannte er sein Schreiben über die Bedingungen der Strafhaft. »... ich reite darauf. Auf der zu reiten mir ein wenig hilft, und auf der ich Windmühlen als Windmühlen erkennen kann.«
Am Ende des Buches aber heißt es:
»Die Windmühlen sind stärker, auch wenn man nur den Beweis dafür erbringen will, schlagen sie einen nieder. Selbst wenn man nur Beweis führt, ist da ein Kampf im Gange; der gegen die Nerven oder was immer es auch sei.«
Steffen sah sich in der Rolle des verrückten Ritters in Cervantes Roman. Er hatte wie dieser mit einem Gegner zu tun, der sich als unangreifbar erwies.
Beweisen wollen wie stark man ist, okay. Aber beweisen wollen, wie schwach man ist, das ist doch idiotisch, würde Bertram sagen.

Aus einem Brief, Herbst 1970:
»Ich werde jetzt immer trauriger. Je weiter ich meine Bewußtwerdung treibe, um so trauriger.
Ich lebe bewußtlos.«
Wie reagierten wir auf solche Briefe? Waren wir uns darüber klar, was geschehen konnte, wenn ihm nicht schnellstens geholfen würde? Helfen – aber wie?

Heute frage ich mich, ob nicht auch wir, unsere Familie, zu seiner Niedergeschlagenheit beigetragen hatten. Ob wir ihm zu viel Bewährung abverlangten?
Predigten wir ihm etwa Moral?
Es genügte wohl schon, daß wir da waren. Wir und die anderen Freunde, die ihn gern hatten. Mensch, Ernst, du schaffst das doch.

Steffen schien bis an sein Ende Beweis führen zu wollen: Seht her, so einer wie ich kommt nicht durch. Einer wie ich kann sich nur mit dem Auto überschlagen und gegen einen Baum rasen...
Doch er machte noch auf dem Krankenbett der Intensivstation den Eindruck eines erbittert sich Wehrenden. Seine Position war aussichtsloser

denn je. Kanüle in der Luftröhre, Injektionsnadel in der Vene. Halten Sie den Arm ruhig, Herr Steffen. Atmung und Herzfrequenz überträgt ein Verstärkergerät. Sauerstoffzelt, Nierenwaschung. Es wird alles getan. Das technisch überhaupt nur Mögliche. Die Arme des Patienten müssen am Bett festgeschnallt werden, weil er ärztliche Hilfsmaßnahmen sabotiert, das Sauerstoffzelt wegstößt, die Nadel aus dem Arm reißt.

An Sinnfälligkeiten kein Mangel. Zur Beweisführung indessen unbrauchbar. Den Unfall hatte er sich selbst zuzuschreiben.
Stimmt. So und nicht anders hätte er seine Lebensgeschichte zu Ende geschrieben.

Wenn ich jetzt eine Bombe hätte, dachte ich beim Verlassen der Klinik, so ginge sie los.
Eine Bombe? In ein Krankenhaus?
Schon der Gedanke ist Irrsinn, man darf ihn nicht zulassen, man muß sein Gehirn für derartige Gedankengänge sperren.
Aber ich habe ihn gedacht.
Ich bin gegen Gewalt, gegen Krieg, gegen Bomben und ihre Ziele.
Das unsinnigste Bombenziel ist ein Krankenhaus. Es wird selbst im Krieg meistens verschont. Ein rotes Kreuz auf dem Dach zeigt den feindlichen Bombenfliegern an, wo wieder hergestellt wird, was nebenan zerstört wurde.
Ich muß für solch einem Gedankengang voller Zorn gewesen sein.
Zorn auf etwas so Unabwendbares wie den Tod? Zorn über ein kaputtes Leben, das liebens- und lebenswert war und jetzt elend enden sollte? Zorn auf ein Krankenhaus?
Vielleicht auch das.

Man hatte mir keine Erlaubnis gegeben, Steffen auf der Intensivstation zu besuchen. Ich war aus Heilbronn nach Karlsruhe gekommen, und nun sollte ich wieder zurückfahren. Nur die nächsten Angehörigen dürften zu ihm. Nur die leibliche Mutter, sagte die Oberschwester. Es war nicht mit ihr zu reden.

Ich setzte mich auf einen Stuhl im Gang und wartete.
Der Abend kam, und mit ihm die Nachtschwester. Nachdem die Oberschwester die Station verlassen hatte, trug ich ihr meine Bitte vor. Ich zeigte ihr die Ausgabe von *Lebenslänglich auf Raten*, in die Steffen hineingeschrieben hatte »Meiner lieben Pflegemutti«. Sehen Sie, sagte ich, ich bin seine Pflegemutter.

Endlich erhielt ich Kittel und Mundschutz und durfte zu Steffen hinein. Aber nur kurz, sagte die Schwester, die mit dem Tropfgerät beschäftigt war. Er wird sie nicht erkennen.
Ich nahm den Mundschutz ab. Das erstaunte Aufleuchten in Steffens Augen kannte ich gut. Er hob den Arm mit den Schläuchen ein klein wenig, ich verstand es als Aufforderung seine Hand zu nehmen. So hielt ich seine Hand und saß still an seinem Bett. Was sagt man auch zu einem, der in großer Bedrängnis und fast am Hinübergehen ist.
Sie müssen gehen, mahnte die Schwester.
Beim Abschied sprach ich zu ihm wie zu einem meiner Kinder. Du darfst ruhig sein, Junge. Nein, ich sagte Jungele, wie man in seiner schwäbischen Heimat sagt. Du kommst wieder heraus aus diesem Krankenhaus. Bald bist du ganz frei.

Später war ich unglücklich darüber, daß ich das gesagt hatte. Ich hatte an die Anstalten dabei gedacht, denen er von Jugend an zu entfliehen versuchte, und nicht ans Sterben.
Von meinem Besuch an, hörte ich am nächsten Tag, sei er nicht mehr bei Bewußtsein gewesen. Das bedrückte mich, wenn das Gefühl der Schuld auch gänzlich irreal war. Die Freiheit zu gehen nahm er sich selbst, wie er sie sich immer genommen hatte. Dazu brauchte er meine Worte nicht.
Zwei Jahre lang sitze ich nun an meiner Schreibmaschine und versuche literarisch zu bewältigen, was nicht zu bewältigen ist. Immer wieder neu- und umgeschrieben, habe ich für das Manuskript zwei Jahre gebraucht, um mich zu erinnern und nachzudenken. Um diesen Tod zu begreifen.

Irgendwann wird man mich
zu Ende denken und
dann bekomme ich
diese Jahre zurück.

Ohne das Gedicht *Ich bin noch da*, aus dem ich diese Verse noch einmal zitiere, wäre es nicht dazu gekommen Steffen kennenzulernen. Es stand am Anfang der Beziehung, und so will ich es auch am Schluß meines Buches stehen lassen.

Steffen wartete nicht ab, ob er die Jahre zurück bekäme.
Er hatte sich zu Ende gedacht. In der *Rattenjagd* ist es nachzulesen: »Ich bin jeden Tag ein anderer und noch lange nicht vollendet. Ich muß es einmal sein. Ich hoffe es zu sein. In der Vollendung könnte ich nur wahnsinnig sein oder verblödet oder tot. An meinen Widersprüchen messe ich meine Existenz. Das letzte, woran sie zu messen mir geblieben ist.«

Zweiter Teil
Knast – und was dann?
Die Geschichte meiner ersten Betreuung

1.

Ich sah ihn schon von weitem. Er stand rauchend vorm Anstaltstor. Eine auffallende Erscheinung: Die Anzugjacke weinrot mit hellblauen Karos. Grüne Socken, gelbe Schuhe. Die blaue Hose clownshaft ausgebeult. Neben ihm aufgebaut mehrere Pappschachteln und ein Vogelkäfig mit Wellensittich.

Tut mir leid, daß ich mich verspätet habe, ich fand keinen Parkplatz.

Da sucht die Frau einen Parkplatz, murrte er, statt direkt vors Tor zu fahren. Wo soll ich denn hin mit meinem ganzen Zeug?

Ich holte das Auto und half ihm, die Pappschachteln im Kofferraum zu verstauen. Der Käfig kam auf den Rücksitz, und Karl setzte sich neben mich. Herr Schirmer – ich war damals noch förmlich – bitte schnallen Sie sich an.

Soll ich hier auch gefesselt werden?

Sie waren gefesselt?

Mit Ketten, erklärte er. Eine an jedem Bein, mit so einem Eisenbommel dran. Er markierte die Größe des Eisenbommels und beobachtete mein Gesicht. Zum Anschnallen war er nicht zu bewegen.

Ich hatte ein Zimmer für ihn gemietet, dorthin wollte ich ihn bringen. Aus dem Plan wurde nichts. Erstmal gehen wir aufs Volksfest, bestimmte er.

Da ist am Vormittag noch kein Betrieb.

Dann gehen wir einen Kaffee trinken.

Nun gut. Während ich das Auto in die Tiefgarage kurvte, griff er mir plötzlich an die Kehle. Lassen Sie das, sagte ich, um einen ruhigen

Tonfall bemüht. Er lachte. Ich wollte nur mal sehen, ob Sie Angst vor mir haben. Ich bin doch gefährlich. Wieso gefährlich? Es steht in meiner Akte.
Im Café bestellte er ein Bier und einen Klaren. Sie sollen doch keinen Alkohol trinken! Bin ich noch drinnen, oder was.
Als er ein weiteres Bier bestellen wollte, zog ich den Geldbeutel. Wir können Ihren Wellensittich nicht so lange in der Tiefgarage allein lassen. Nichts da, der Mann zahlt. Er winkte der Bedienung. Zahlen, Fräulein! Ja, sitzt die auf ihren Ohren? Ich habe meine Zeit nicht gestohlen, tönte er durchs Lokal. Ich schwitzte.
Die Leute drehen sich schon nach uns um!
Nach uns zwei Hübschen?
Das Bier schien ihm bereits zu Kopf gestiegen. Als die Bedienung kam, bestellte er sich noch eines und mir eine zweite Tasse Kaffee: Wo es doch anfängt gemütlich zu werden.

2.

Ein schmales Zimmer mit Dusche und Kochnische. Wo ist Ihr Gepäck? fragte der Vermieter angesichts der Pappschachteln. Hier, schnarrte der Wellensittich.
Dem neuen Mieter hatte es die Sprache verschlagen. Als wollte er es ausmessen, lief er das Zimmer in Länge und Breite ab. Miete und Kaution verlange ich bar auf den Tisch, sagte der Vermieter, und für den Mietvertrag brauche ich Herrn Schirmers polizeiliche Anmeldung. Wird alles erledigt, warf ich rasch ein, die Röte in Schirmers Gesicht verhieß nichts Gutes. Und die Braut, fuhr der Vermieter fort, zieht hier nicht mit ein, das dulde ich nicht. Wenn Sie mich meinen, so befinden Sie sich im Irrtum, sagte ich ärgerlich. Was, Irrtum? polterte es in meinem Rücken

und ein Arm legte sich um meine Schultern. Dies ist nicht der richtige Ort für Späße, Herr Schirmer... Ich rang um Fassung. So, ist es nicht? Ja, was ist denn das für ein Ort, wo man nicht mal einen Spaß machen darf? Der Vermieter lachte nicht. Ich erwarte Sie in meinem Büro, sagte er kühl.

Wenn Sie sich weiter so aufführen, beschwor ich meinen Schützling, sind Sie das Zimmer bald wieder los. Na und? Was soll ich mit der Schuhschachtel. Hören Sie, Herr Schirmer, ich habe lange gesucht, bis ich die Wohnung für Sie auftrieb. Wohnung ist gut, nicht mal umdrehen kann man sich hier. Da hätt' ich gleich drinnen bleiben können.

Mir fiel auf, daß er das Wort Anstalt oder Knast nie in den Mund nahm. Drinnen.

Und jetzt gehen wir die Miete bezahlen.

Jetzt, bestimmte er, gehen wir erstmal essen, ich hab Kohldampf.

Ich fügte mich seufzend. In der Gastwirtschaft rief ich meine Familie an, um ihr mitzuteilen, daß sie heute ohne mich auskommen müßte.

Als ich vom Telefon zurückkam, sah ich ihn die Speisekarte studieren: Nicht mal ein anständiges Schnitzel gibt es hier. Da steht es doch – ich tippte auf die Karte – Schweineschnitzel mit Pommes Frites und gemischtem Salat. Zweimal Schnitzel mit Pommes, rief er der Frau an der Theke zu. Nicht für mich, ich nehme nur eine Suppe. Warum, wo Sie doch eingeladen sind? Diesmal bin ich es, die einlädt, protestierte ich. Sie müssen Ihr Entlassungsgeld beisammen halten, es muß noch eine Weile reichen. Ich scheiß auf das Geld, sagte Schirmer.

Als das Bestellte gebracht wurde, schob er den Teller weg: Ich kann nichts essen. Sie hatten doch so einen Kohldampf? Immer redet mir die Frau dazwischen, fegte er mich an, ging an die Theke und kippte einen Schnaps runter.

Ich hatte das Gefühl, mir zu viel gefallen zu lassen, aber ich wollte kein Aufsehen erregen und außerdem, es war sein erster Tag. Wie muß jemandem zumute sein am ersten Tag in Freiheit nach sieben Jahren Haft? Die Zeit der Entmündigung schüttelt man gewiß nicht von heute auf morgen ab. Daß sein Benehmen mehr mit Unsicherheit, als mit Kraftprotzerei zu tun hatte, wurde mir allmählich klar.

Nach einem weiteren Schnaps und dem zugehörigen Bier vermochte er endlich, sein kalt gewordenes Schnitzel runterzubringen. Die Pommes Frites bogen sich weich von der Gabel. Den Salat schob er beiseite.
Vitamine sind aber notwendig! Ich erwartete, er würde wegen der Bemerkung wieder hochfahren, aber er war jetzt in bierseliger Laune. Die ist heiß, sagte er von der Bedienung. Mir kam die Frau mit den dunklen Ringen unter den Augen eher überarbeitet vor. Sie scheint müde zu sein, sagte ich. Die? Die ist heiß, wiederholte er, dafür hab ich einen Blick. Und er machte ihr, als sie die Rechnung brachte, nicht nur schöne Augen, er fragte sie auch, ob sie gern spazieren gehe. Die frische Luft täte ihr sicher gut.
Als wir auf die Straße traten, erkundigte er sich leicht schwankend, wo das Volksfest sei, von dem ich erzählt hatte. Da wollen wir doch hin. Nichts da, jetzt bezahlen Sie erst einmal die Miete. Trotz seines Protestes fuhr ich ihn zu seiner Wohnung und zeigte ihm den Eingang zum Büro des Vermieters. Er steckte sich eine Zigarette an. Auf mein Drängen zog er mißmutig einige zerknüllte Scheine aus der Hosentasche, ich solle das für ihn erledigen. Die Frau, sagte er und meinte damit mich, will ja unbedingt, daß ich mein Geld los werde.

3.

Schirmer war der erste Gefangene, den ich betreute. Ich hatte ihn in einer Gesprächsgruppe kennengelernt. Ein unbeholfen wirkender Mann mit einem von Falten zerklüfteten Gesicht, die Haut grau, was an den Bartstoppeln liegen mochte. Seine Stimme war mir nicht angenehm, er tutete aufgeregt in mein Ohr. Stets suchte er den Platz an meiner Seite. Am allgemeinen Gespräch beteiligte er sich nur, wenn Knastprobleme erörtert wurden. Ich hörte ihn dann über dies oder das herziehen, um was es ging, verstand ich selten. Ich war neu in der Gruppe, die sich einmal wöchentlich in einem Schulraum der Vollzugsanstalt traf, und ich wußte noch nicht viel über das Anstaltsleben. Die Gefangenen, es waren etwa acht, empfand ich als laut, oft sprach alles durcheinander, und viele ihrer Ausdrücke waren mir fremd. Wir, von ihnen Zivilisten genannt oder – mit ironischem Unterton – Bürger, kamen nur schwer zum Zuge. Bei Themen, die mehr unsere Interessen als die der Gefangenen berührten, schalteten einige ab oder führten, wie mein Nebenmann, Privatgespräche. Er redete unentwegt auf mich ein. Ich verstand nur, daß er eine Betreuerin suchte. Gerade so eine wie mich, beteuerte er und versuchte die Stimmen der anderen zu übertönen. Haben Sie denn keine Angehörigen, die Sie besuchen?

Keine. Ich bekomme nie Besuch. Die Falten seines Gesichtes vertieften sich, ein Trauerkloß dieser Mann, wie er da saß und sagte: Keine. Nie Besuch? Wie lange sind Sie schon in Haft? Sechs oder sieben Jahre, sagte er. Wenn Sie mich besuchen kommen, müssen Sie sich vorher anmelden. Wie heißen Sie denn? Karl. Karl Schirmer ist mein werter Name. Er lachte. Ich war gewonnen.

Bei meinem ersten Besuch saßen wir uns an einem Tischchen in einem größeren Saal gegenüber. Nur flüchtig schaute ich zu den anderen Tischen, nahm die verstohlenen Zärtlichkeiten eines Paares wahr oder unbefangen spielende Kinder, von der Mutter zum Leisesein angehalten, während der Vater steif an seinem Platz saß, er hatte die Erziehung offenbar an die Frau abgegeben.

Schirmer überfiel mich mit der Bitte, ihm zu helfen. Er habe bald seine Anhörung vor dem Richter, die alle zwei Jahre stattfinde, um über eine mögliche Entlassung zu entscheiden. Zuvor sollte ich mit dem Richter unbedingt sprechen. Er habe einen Rucksack auf dem Buckel – eine Sicherheitsverwahrung, übersetzte er, gereizt über mein Unverständnis. Wie komme ich dazu, mit dem Richter zu sprechen, er wird einer Fremden keine Auskunft geben, wandte ich ein. Ja, eben deshalb müßte ich die Betreuung übernehmen.

Eigentlich hatte ich nur an der Gesprächsgruppe teilnehmen wollen. Nun wurde ich unversehens Betreuerin. Zu betreuen hatte ich einen Herrn, der es verstand, mich schon beim ersten Betreuerbesuch, der ohne Beisein eines Beamten in einem winzigen Raum stattfand, für seine Belange einzusetzen. Unverzüglich solle ich seine Freilassung bewirken.

Da habe ich mir ja etwas eingebrockt, dachte ich. Ich hatte weder eine Ahnung vom Vorleben meines Schützlings, noch wußte ich, wie ich seine Freilassung bewirken konnte. Als eingetragene Betreuerin durfte ich ihn nun beliebig oft besuchen, wenn es nach ihm gegangen wäre, jeden Tag. Aber ich habe Familie, Herr Schirmer.

Und ich – wen habe ich? Er verstand es mein Mitgefühl herauszufordern. Ich erkundigte mich bei der Anstaltsleitung nach einem Weg, seine Entlassung zu erreichen. Das sollte ich mir nicht zu einfach vorstellen. Am besten, ich wendete mich an die Strafvollstreckungskammer. Als ich dort anrief, wurde ich zunächst nach dem Aktenzeichen gefragt. Das wußte ich nicht, und ich konnte nicht einmal genau angeben, seit welchem Jahr Herr Schirmer in Haft war. Mich nicht darüber informiert zu haben, disqualifizierte mich vermutlich von vornherein als Betreuerin.

Schirmer empfing mich beim nächsten Besuch in großer Aufregung: Hat es geklappt?

So einfach ist die Sache nicht.

Seiner Hartnäckigkeit und meinem allmählich erwachenden Ehrgeiz war es zu verdanken, daß ich einige Wochen später einen Termin bei dem vorsitzenden Richter der Vollstreckungskammer erhielt. Ein umgänglicher älterer Herr, der laut über das Für und Wider der Sicherheitsverwahrung nachdachte. Ob ich mir denn zutrauen würde, einem Mann, der immerhin zwei Notzuchtverbrechen auf dem Gewissen habe, nach der Entlassung behilflich zu sein? Ich ließ mir meinen Schrecken über das Wort Notzucht nicht anmerken. Mein Mann wird mir zur Seite stehen, versicherte ich. Daß mein Ehemann von der auf ihn zukommenden Aufgabe noch keine Ahnung hatte, ließ ich für den Moment außer acht, es galt, für meinen »Schützling« etwas zu erreichen. Und ich erreichte es. Wenn Sie mir für ihn gerade stehen… Aber ich muß mich darauf verlassen können, mahnte der Richter, daß Sie für seine Unterkunft sorgen und ihm bei der Arbeitssuche beistehen, was ich in meiner Unkenntnis der sozialen Möglichkeiten sogleich versprach.

Noch eine Zeit des Wartens, bis alles geregelt war und auch die Staatsanwaltschaft zustimmte. Dann war es so weit, daß Karl Schirmer nach sieben Jahren hinter Gittern, und ohne auch nur einmal zuvor den Fuß auf die Straße gesetzt zu haben, an einem Julimorgen mit Pappschachteln und Vogelkäfig vor dem Tor stand, und die ehrenamtliche Betreuerin erste Erfahrungen mit ihm sammelte.

4.

Du magst den Schirmer nicht, stimmts?
Beim Ausräumen der Geschirrspülmaschine stellte mir meine Tochter lästige Fragen. Die Munterkeit, mit der du von ihm erzählst, ist wohl nicht ganz echt, oder?
Er ist ziemlich anstrengend, wich ich aus.
Warum hast du dir ihn dann aufgehalst?
Ich werde schon mit ihm fertig, sagte ich und wußte, daß von »mit ihm Fertigwerden« keine Rede war. Er stellte mich täglich auf die Probe, wie weit er bei mir gehen konnte. Meine kleinste Unsicherheit nutzte er aus. Ihm keine Schwäche zu zeigen – das allein war schon eminent anstrengend.
Mochte ich ihn?
Sein Aussehen hatte mich anfangs gestört, das ist wahr. Grob wie seine Sprache waren seine Gesichtszüge. Vierschrötig, ein Klotz – solche Ausdrücke fielen mir zu ihm ein. Äußerlichkeiten, sagte ich mir. Es war mehr sein Verhalten, mit dem ich nicht zurecht kam. Vor allem, wenn er getrunken hatte. Dann wurde er aggressiv, oft auch zudringlich. Meiner Familie mußte ich dergleichen verheimlichen, mein Mann hätte aus Sorge um mich sonst die Beendigung der Betreuung verlangt. Er war nicht gerade glücklich über die Aufgabe, die ich ohne Rücksicht auf meine Familie übernommen hatte. Daß sie mir hin und wieder über den

Kopf wuchs, versuchte ich ihm deshalb zu verbergen. Dabei hätte ich mir manchmal gern bei meinem Mann Rat geholt.
Das Gericht hatte Schirmer zur Auflage gemacht, Alkohol strikt zu meiden. Hätte ich unter Protest das Lokal verlassen sollen, als er Bier und Schnaps bestellte? Dann hätte er sich wahrscheinlich voll laufen lassen und im Rausch wer weiß was angestellt. Mein Problem war, seinen Alkoholkonsum in Grenzen zu halten, ohne die Rolle der Aufpasserin hervorzukehren.
Und wie hätte ich mich auf dem Volksfest verhalten sollen? Kaum waren wir da, hängte er mir ein Lebkuchenherz um den Hals und sich selbst an meinen Arm. Du bist doch meine Schönste – plötzlich duzte er mich. Daß eines klar ist, Herr Schirmer, bei mir läuft nichts in dieser Richtung. Ich war bereits Großmutter und, wie ich glaubte, aus dem Alter heraus. Nicht für Karl Schirmer. Vielleicht hätte ich nicht mit ihm Autoskooter fahren dürfen, wo er Gelegenheit hatte, den Mann herauszukehren: Die Zigarette schief im Mund, eine Hand am Steuer, und bei den Karambolagen den schützenden Arm um meine Schultern.
Daß eines zwischen uns klar ist, Herr Schirmer... begann ich nochmals. Er zog Lose aus einem Eimer. Hörte er mir überhaupt zu? Ich könnte Ihre Mutter sein, deshalb... Er hielt mir das Los vor die Nase: Wir haben gewonnen! Aber es steht doch Niete darauf. Niete, schimpfte er, die bescheißen uns, Mutti.
Von nun an war ich für ihn Mutti. Diese Rolle hatte ich keinesfalls übernehmen wollen, doch wenn es die Beziehung klären half? Ich holte für Karl und mich je eine Bratwurst mit Ketchup.

5.

Beim Gang zum Bewährungshelfer mußte ich Karl an der Hand nehmen. Ich merkte, wie seine Hand schwitzte. Zuerst, sagte er, gehn wir noch ein Bierchen trinken.

Wir sind angemeldet, Karl, und müssen pünktlich sein.

Eine Zigarette wird man wohl noch rauchen dürfen, oder nicht?

Wir standen vor Herrn Mosers Dienstzimmer. Karl steckte sich die zweite Zigarette am Stummel der ersten an. Die Tür öffnete sich, ein älterer Mann mit rosigem Gesicht und Goldrandbrille stand vor uns. Warum kommen Sie nicht herein, ich erwartete Sie bereits. Aber bitte nicht mit Zigarette, ich bin Nichtraucher.

Man wird wohl noch zu Ende rauchen können, fuhr Karl auf. Still doch, mach das Ding aus, versuchte ich ihn zu beschwichtigen.

Der Gummibaum in Herrn Mosers Büro kroch an der Wand hoch und quer über die Zimmerdecke. Nehmen Sie Platz, hier bitte. Karl blieb stehen. Als sei er nicht vorhanden, wandte sich der Bewährungshelfer allein an mich. Wie Sie wissen, erhält Herr Schirmer eine fünfjährige Führungsaufsicht. Das bedeutet, er hat sich mindestens einmal im Monat bei mir einzufinden. Ferner ist mir jeder Wohnungs- und Arbeitswechsel mitzuteilen. Sollte Herr Schirmer sich nicht an die Weisungen halten, hat er mit dem Widerruf der Bewährung zu rechnen.

Man wird wohl noch mitreden können! Bin ich kein Mensch oder was? Karl stützte sich mit den Fäusten auf die Tischplatte.

Nun nehmen Sie endlich Platz, Herr Schirmer. Ich mußte vorab noch einiges mit Ihrer Betreuerin klären. Nun zu Ihnen: Haben Sie sich beim Einwohnermeldeamt angemeldet?

Das hat Zeit.

Das hat es nicht, Herr Schirmer. Sie haben den Gerichtsbeschluß doch bekommen. Polizeiliche Anmeldung innerhalb von drei Tagen, da steht es.

Wir haben es uns für morgen vorgenommen, warf ich rasch ein. Danach gehen wir aufs Arbeitsamt.

Karl wollte wieder hochfahren, doch Herr Moser drückte ihm eine Broschüre in die Hand, darin seien die Schritte aufgelistet, die als nächstes

zu erfolgen hätten. Auf Seite 2, Herr Schirmer.
Er habe seine Brille nicht dabei. Karl durchsuchte seine Taschen. Von nun an benahm er sich gesittet, setzte sich, blätterte in der Broschüre und überließ alles Weitere mir.
Ich hoffe, nur Gutes über Sie zu vernehmen, sagte Herr Moser beim Verabschieden. Sie haben ja einen Schutzengel zur Seite – damit meinte er offenbar mich.
Ihr zwei steckt unter einer Decke, schimpfte Karl, als wir das Haus verließen. Das könnte euch so passen, mich wieder nach drinnen zu bringen.
Niemand will dich wieder ins Gefängnis bringen. Du selbst bist für dich verantwortlich.
Nun rede ich auch schon wie Herr Moser, dachte ich und lud ihn zu einem Kaffee ein, aus dem natürlich ein Bier wurde, und wer einlud war Karl: Der Mann bezahlt. Und die Frau – er deutete auf mich – trinkt einen doppelten Korn! Ich wollte protestieren, aber er: Jetzt will ich auch einmal zu sagen haben, verstehst'?

6.

Als ich Karl zur vereinbarten Zeit abholen wollte, lag er noch im Bett. Ich wartete draußen. Ziehe dich rasch an, rief ich durch die Tür. Du weißt doch, wir wollen aufs Arbeitsamt.
Habe ich was von Wollen gesagt? tönte es verschlafen.
Bis er angezogen war und Kaffee getrunken hatte, war der halbe Vormittag um. An mich denkst du wohl gar nicht, sagte ich vorwurfsvoll, ich habe eine Familie zu versorgen. Immer denk' ich an dich, Mutti. Ach, erzähl mir nichts.
Das Arbeitsamt, eine neue Erfahrung für mich. Ein langer Gang, Bänke auf beiden Seiten. Dicht gedrängt Leute, die das Öffnen und Schließen

einer Tür mit der Nummer 134 beobachteten. Auch meine Blicke hingen bald gebannt an der Zahl 134, wann würden wir endlich drankommen? Karl dagegen stand abgewandt neben einem mit Sand gefüllten Ständer, in den er kaum angerauchte Zigaretten drückte. Ein Sauladen ist das hier, ließ er sich von Zeit zu Zeit vernehmen.

Später, als wir vor einer freundlichen Dame saßen, und sie uns ein Formular zum Ausfüllen aushändigte, lief sein Gesicht rot an. Was soll ich mit dem Wisch? Aber die Dame behielt die Nerven und füllte den Antrag auf Arbeitslosenunterstützung selber aus. Name, Anschrift, Geburtsdatum? Dann wurde es schwierig. Ledig oder verheiratet? Das ist lang her. Ich stieß ihn an, nun sag schon. Sag doch du, daß ich geschieden bin, wenn du alles besser weißt! Die Frage nach seiner letzten Arbeitsstelle ließ ihn dann gänzlich ausrasten. Bin ich hier im Beichtstuhl oder was? Nun mal sachlich, Herr Schirmer. Sie haben nichts weiter zu tun, als die vorgedruckten Fragen zu beantworten. Wir müssen wissen, in welchem Arbeitsbereich Sie vermittelbar sind, verstehen Sie?

Soll ich es für dich erklären, Karl? Auf sein kaum verständliches Brummen hin erzählte ich der Dame, Herr Schirmer habe sieben Jahre in der Vollzugsanstalt gearbeitet. Sie schien nicht überrascht. Das tut hier nichts zur Sache, ich brauche die Zeit vor Ihrer Inhaftierung, Herr Schirmer. Wo waren Sie da beschäftigt? Besitzen Sie noch Ihre Arbeitspapiere? Nein? Sie müssen die Bescheinigungen von Ihren letzten Arbeitgebern sofort besorgen. Sie haben als Gipser gearbeitet? Dann sind Sie hier sowieso an der falschen Stelle, gehen Sie auf Zimmer 294, im zweiten Stock. Das Formular nehmen Sie mit.

So begann das Kapitel Arbeitssuche. Es begann mit Wartezeiten, Aufregung, Ärger. Nicht nur für Karl, auch für mich. Meine Familie wollte mein häufiges Ausbleiben nicht mehr hinnehmen. Es ist doch nur vorübergehend so, versuchte ich zu beschwichtigen. Wenn Schirmer eine Arbeitsstelle gefunden hat, wird sich alles von selbst regulieren.

7.

Seinem ersten Besuch bei uns zu Hause sah ich mit einem gewissen Bangen entgegen. Mehr noch fürchtete sich mein Schützling. Zuerst müsse er noch in den Supermarkt, er habe nichts mehr im Kühlschrank. Das können wir hinterher besorgen. Hinterher, hinterher, maulte er und schrie mich plötzlich an, wir hätten ausgemacht, heute ein neues Hemd für ihn zu kaufen, wie er denn rumlaufe. Wir fahren jetzt zu mir nach Hause, sagte ich bestimmt und ging zum Auto. Er kam mir schimpfend nach.

Bei uns betrug er sich mustergültig. Da mein Mann bei der Gartenarbeit war, bot er an zu helfen und hackte mit Ausdauer Holz. Mit uns essen wollte er nicht, nur ein paar Wurstbrote in der Küche. Hast' kein Bier da, Mutti? Habe ich, sagte ich und stellte ihm eine Flasche Alkoholfreies neben den Teller. Ob er es sich gefallen ließ? Er setzte die Flasche an. Ah. Zum Glück hatte er nicht gelesen, was auf dem Etikett stand.

Von nun an kam er alle Tage zu uns. Er saß bei mir in der Küche, während ich das Essen vorbereitete, rauchte und sprach viel und schnell, ich verstand nur die Hälfte. Die Kinder verstanden ihn überhaupt nicht, der hat aber eine komische Redeweise! Und daß er dich Mutti nennt, na weißt du, ich hätte mir das an deiner Stelle nicht gefallen lassen, meinte die Tochter. Du legst doch sonst Wert darauf, für emanzipiert zu gelten. Und jetzt – wie alt ist er eigentlich? – entdeckst du Mutterfreuden. Sie war giftig. Auch der Sohn zog ein Gesicht. Die Art, wie Karl mich pausenlos in Beschlag nahm, paßte meinen Kindern nicht. Mein Mann dagegen suchte ein Auskommen mit Karl, und der respektierte ihn als Autorität.

Als Karl gegangen war, kam es in meiner Familie zu einer erregten Debatte. Mein Mann verstand nicht, daß ich Karl das gegenseitige Du gestattet hatte. Wie konntest du das nur zulassen? Es ergab sich so, sagte ich. Es ergab sich? Heißt das, du hast die Zügel schon nicht mehr in der Hand? Ich verstehe meine Arbeit nicht als Zähmen, wandte ich ein. Wie willst du dem Schirmer zur Seite stehn, wenn du die Distanz einreißen läßt? Versteh bitte, sagte mein Mann, ich bin ernstlich besorgt.

Ich dachte darüber nach und nahm Verbindung mit der Anlaufstelle für

Strafentlassene auf. Man kam mir dort sehr entgegen. Die Suche nach einer Arbeitsstelle könne von ihnen übernommen werden. Die zeitraubenden Gänge zum Arbeitsamt würden mir damit erspart und ich könnte mich wieder mehr meiner Familie widmen. Herr Schirmer möchte bitte vorbeikommen und sich persönlich vorzustellen.
Nur leider war Karl nicht dazu zu bewegen. Die Anlaufstelle sah er als langen Arm der Vollzugsanstalt, dafür gemacht, ihn so schnell wie möglich wieder hinter Gitter zu bringen. Lernte ich mit der Zeit auch einige meiner Wünsche bei ihm durchzusetzen, in dieser Sache war er nicht zu überreden.

8.

Er sei gelernter Gipser, hatte Karl auf dem Arbeitsamt angegeben. Er bekam ein Stellenangebot in einem Malerbetrieb, man brauchte gerade einen Mann für den Fassadenanstrich. Während er sich vorstellte, wartete ich im Auto auf ihn. Er sei nach seinen Arbeitspapieren gefragt worden, schimpfte er bei der Rückkehr. Wenn die sehen, wo ich herkomme, ist es aus.
Wir müssen eben deine Papiere besorgen.
Ich rief in der Vollzugsanstalt an und fragte, ob seine dort in den zurükkliegenden sieben Jahren geleistete Arbeit ihm auf neutrale Art bestätigt werden könnte. Wo denken Sie hin, sagte der Sozialarbeiter, ein Gefangener gilt nicht als Arbeitnehmer. Er zahlt ja auch keine Sozialabgaben. Herr Schirmer solle seine Arbeitspapiere bei den Betrieben anfordern, in denen er vor der Strafhaft gearbeitet hatte.
Wo hast du vor deiner Inhaftierung gearbeitet? fragte ich Karl.
Je nun, wenn ich das noch wüßt'. Mal da, mal dort.
Hoffentlich arbeitet er in Zukunft nicht wieder so, mal da, mal dort, dachte ich besorgt. Doch zunächst ließ es sich gut an. Als Gipser strahlte Karl Selbstbewußtsein aus. Die Arbeit gefiel ihm. Mir fiel die Aufgabe

zu, seine Arbeitskleidung zu waschen. Vom Fassadenputz weißes Zeug, das den Abfluß verstopfte. Gell, das hättst du nicht gedacht, fragte er über meinem gebeugten Rücken. Ich fuhr herum. Die Strümpfe wäscht du dir gefälligst selber. Er warf die Zigarette ins Klo und machte sich murrend über die Strümpfe her. So was ist nichts für einen Mann. Du kannst das besser, Mutti.

Nach der ersten Arbeitswoche rutschte er vom Gerüst ab und brach sich den Arm. Krank geschrieben. Und mit einem Arm in der Binde konnte er erst recht nicht seine Strümpfe waschen, die »Mutti« mußte nun außerdem einen Patienten betreuen.

Vorbei der Traum vom Gipser, Karl wurde entlassen. Ich rief seinen Chef an: Das können Sie doch nicht machen. Herr Schirmer ist schließlich bei der Arbeit verunglückt. Eben, sagte der Chef. Er hat zwei linke Hände, einen solchen Mann kann ich nicht brauchen.

Die nächste Arbeit bekam Karl im Gerüstbau. Nach zwei Tagen blieb er zu Hause. Er habe sich bei der Arbeit verhoben. Vier Balken auf einmal habe er schleppen müssen.

Wieder krank geschrieben. Nicht krank genug, um nicht täglich bei mir in der Küche zu sitzen. In meiner Familie standen die Zeichen auf Sturm. Was will der hier immer, murrten meine Kinder. Für uns hast du wohl gar keine Zeit mehr übrig.

Das schlug mir aufs Gewissen, und ich war nicht immer freundlich zu Karl, wenn er während ich kochte rauchend am Küchentisch saß.

Entlastung für mich gab es erst, als Karl nach seiner Genesung wieder eine Anstellung fand. Diesmal in einer Firma für Drahtzäune- und Gitter. Karl fühlte sich dort wohl, zumal es ehemalige Knastkollegen gab, mit denen er abends in die Wirtschaft ging. Den Lohn bekam er am Wochenende auf die Hand. Nach dem Wochenende war er gewöhnlich blank. Wo läßt du bloß dein Geld? Nicht so, wie du denkst, Mutti. Ein Blauer, erklärte er, sei ihm aus der Hosentasche gefallen, und jetzt habe er, mit Verlaub, nichts mehr zu fressen.

Ich blieb hart, Geld bekam er nicht von mir. Aber von dem Nudelauflauf, den er so gern mochte, brachte ich ihm bei meinem Besuch eine Platte voll mit.

9.

Ich ziehe aus, empfing mich Karl, als ich ihm die Wäsche brachte. Sei froh, daß du ein Zimmer hast, sagte ich ärgerlich. Nicht einmal jeder Student findet zur Zeit ein Zimmer.

Sind die was besseres, die Studenten?

Er war schlecht gelaunt. Der Vermieter maule ständig herum, und in seiner Abwesenheit durchschnüffle er seinen Schrank. Das bildest du dir ein, der Schrank ist ja abgeschlossen! Ich sah zu meinem Schrecken eine erneute Zimmersuche auf mich zukommen.

Keine Sorge, Mutti, ich gehe dorthin, wo ich herkomme, du weißt schon, wohin. Karl schielte nach meiner Reaktion auf den flott hingeworfenen Satz. Das Loch hier sei nicht größer als seine Zelle, und dort hätte er wenigstens seine Ruhe gehabt. Also, dann ab mit dir in die Zelle, rief ich. Eine eigene Dusche besitzt der Herr dann allerdings nicht.

Schon gut, Mutti, fahren wir zu dir. Hier fällt mir die Decke auf den Kopf.

Ist Schirmer Analphabet? fragte mich mein Mann, nachdem ich Karl an diesem Abend wieder in seine »Zelle« zurückgefahren hatte.

Unsinn. Er las doch in der Zeitung.

Das kann vorgetäuscht sein.

Warum sollte er mir das nicht mitgeteilt haben – ?

Von nun an beobachtete ich ihn. Es war richtig, ich hatte für ihn stets die Formulare auf den Ämtern ausfüllen müssen, er setzte nur seinen Namen darunter. Andrerseits rechnete er mir auf dem Papier vor, daß seine Stromrechnung zu hoch sei, er habe den Zähler abgelesen, als er einzog.

Ob ich den Bewährungshelfer fragen sollte? In Karls Gegenwart war das unmöglich, auch wollte ich es lieber von ihm selbst erfahren. Der

Zufall kam mir zu Hilfe. Ich fand meinen Schützling beim Durchwühlen seiner Tischschublade vor: Irgendwo muß er doch sein! Was suchst du? Den Wisch vom Wohnungsamt, rief er ungeduldig, ist er das? Er streckte mir die Anmeldung vom Einwohnermeldeamt entgegen. Wenn du lesen könntest, sagte ich ruhig und tat, als sei mir sein Analphabetentum seit langem bekannt, dann hättest du es einfacher. Er brummte Unverständliches, ließ mich aber an seiner Stelle weitersuchen.

Mit der Zeit bekam ich heraus, warum er nicht lesen und schreiben konnte. Er mußte als uneheliches Kind für vier Geschwister sorgen, wenn die Mutter… er mimte das Ansetzen einer Flasche. Deine Mutter trank?

Karl habe nie seine Hausaufgaben gemacht, deshalb sei er auf die Sonderschule gekommen. Da habe er auch nichts gelernt. Und später, fragte ich, im Gefängnis werden doch Kurse angeboten? Einmal sei er dort gewesen, erzählte er, da hätten sie über ihn gelacht.

Ich lieh mir ein Lesebuch für Erstkläßler aus und besorgte Schulheft und Schreibzeug. Damit erschien ich bei Karl und breitete es schweigend auf dem Tisch aus. Schnell mußte ich erkennen, daß das Lesebuch mit den bunten Bildern für die Kleinen ein Fehler war. Willst du mich verarschen? fuhr er mich an.

Ohne lesen und schreiben zu können, bist du überall aufgeschmissen. Deshalb möchte ich es dir beibringen.

Nichts da, Mutti. Er wies mein Ansinnen gekränkt von sich. Er könne ja lesen, es liege nur an seinen Augen.

Mein Gott, Karl, es ist doch kein Verbrechen, wenn jemand in der Schule nichts gelernt hat. Fast kommt es mir vor, als schämtest du dich mehr, nicht schreiben zu können, als über deine Straftaten.

Viel mehr, gab er zu. Aber ihr seid ja zu dumm, um etwas zu begreifen.

10.
Nicht zum ersten Mal nutzte Karl im Auto die Situation aus und strich mir, während ich konzentriert mit dem Fahrspurwechsel beschäftigt war, übers Knie oder drückte mir einen Kuß auf den Hals. Du bist doch meine Mutti, sagte er, wenn ich drohte, anzuhalten und ihn hinauszuwerfen. Hast' Angst? kam dann die Frage. In solchen Augenblicken schoß mir durch den Kopf, daß er wegen sogenannter Sittlichkeitsverbrechen verurteilt war. Um was es sich genau handelte, war mir immer noch nicht bekannt, ich fragte ihn auch nicht danach. Ich hoffte, es würde sich eines Tages von selbst ergeben, mit ihm darüber zu sprechen. Eines wußte ich, Unsicherheit oder gar Furcht durfte ich ihm niemals zeigen. Hatte ich es in der Erziehung meiner Kinder vermieden, die Autoritätsperson herauszukehren, diesem erwachsenen Kind gegenüber mußte ich Autorität zeigen. Nur dann konnte ich ihm auch mal zugestehen, den Arm um meine Schultern zu legen, wenn er Anlehnung brauchte. Er hatte mehr Gemüt, als sein lautes Gehabe vermuten ließ, das hatte ich längst heraus. Der ständig feststellen wollte, ob ich Angst vor ihm habe, bestand selber aus lauter Angst.
Eines Tages fand ich sein Gerichtsurteil.
Ich hatte in seinem Papierkorb nach einer versehentlich fortgeworfenen Rechnung gesucht und wunderte mich über einen Packen Blätter auf dem Grund des Korbes. Was ist denn das? Gib her! So schnell war er noch nie aus seinem Sessel hochgefahren. Horch zu, Karl, du darfst einen Gerichtsbeschluß nicht einfach wegwerfen. Erstens könnten ihn andere Leute finden, und zweites ist er ein Dokument, das du vielleicht noch einmal brauchst. Ach was, ich will den Scheiß nicht mehr. Soll ich die Akte für dich aufheben? Mach doch, was du willst, brüllte er los, du machst sowieso immer was du willst.
Nein, Karl, in diesem Fall brauche ich deine Erlaubnis.
Nimm's mit. Er versank wieder in seinem Sessel. Ich packte also das Urteil in meine Tasche. Gut fühlte ich mich nicht dabei.
Zuhause las ich, wovon ich nur andeutungsweise durch den Gefängnispfarrer wußte. Karl hatte mehrere Vorstrafen wegen sexueller Belästigungen und Nötigungen von Frauen, auch unter Anwendung

körperlicher Gewalt. Besonders erschrocken war ich über seine letzte Straftat, die mit drei Jahren Haft und anschließender Sicherungsverwahrung geahndet wurde: Unzucht mit einem Kinde. Von jeher konnte mich nichts auf dem Gebiet der Kriminalität so aufbringen, wie sexuelle Übergriffe auf Kinder. Für ihr ganzes Leben, hatte ich gehört und konnte es mir auch vorstellen, nehmen solche Kinder Schaden. Wie sollen sie Liebe empfangen und geben können, wenn ihr erstes »Liebeserlebnis« Gewalt war?

Und nun war Karl einer der Männer, für die ich Abscheu empfand. Wie sollte ich damit umgehen? Ich war schwer geschockt, und wollte dennoch mit meiner Familie nicht darüber reden. Das Urteil verschloß ich sorgfältig.

Als ich Karl das nächste Mal besuchte, war ihm vermutlich genau so flau zumute wie mir. Er wandte mir den Rücken zu als ich ins Zimmer trat. Gell, jetzt magst mich nimmer, sagte er auf mein betont normales: Hallo, wie geht's?

Ob ich dich mag, hat nichts mit deinem Urteil zu tun, Karl. Ich kenne dich inzwischen gut genug, um zu wissen, daß du kein schlechter Kerl bist, trotz der Vergehen, deretwegen du verurteilt wurdest. Die finde ich allerdings sehr schlimm.

Ohne mich weiter zu Wort kommen zu lassen, begann er in einer sich verhaspelnden und undeutlichen Sprache Entschuldigungen vorzubringen. Offenbar hatte er getrunken, es standen etliche leere Bierflaschen auf dem Fußboden. Ich verstand ihn nur halb, doch ich wußte jetzt aus seinem Urteil, daß es seine dreizehnjährige Stieftochter war, die er wieder und wieder zu sexuellen Handlungen an ihm genötigt hatte. Beim Lesen hatte ich mich darüber entsetzt, ebenso über die Zustände in seiner damaligen Wohnung, die nur aus Zimmer und Küche bestand, so daß er mit Frau und Stieftochter auf derselben Bettcouch nächtigte.

Alles Lüge, was in dem Wisch steht, tönte er aus dem Sessel. Die freche Krot, reingelegt hat sie mich. Die war wie ihre Mutter. Keine Ruh hat sie mir gelassen, wenn du verstehst, was ich mein'. Und der ihr Vater, weißt', was der mit ihr gemacht hat? Verdorben war sie, die Krot. Schon mit fünf Jahren war die verdorben. Und ihre Mutter, nichts als Vögeln

mit anderen Mannsbildern. Und dann kam die heim und schlief ihren Rausch aus. Ihr Balg war ihr doch scheißegal.
Hör bloß auf, Karl. Das war nicht nur einmal, du hast wieder und wieder das Mädchen zur Sexualität gezwungen.
Was, Sexualität – er hatte Mühe, das Wort auszusprechen – steht da drin, ich hätt' sie vergewaltätigt oder was? Alles Lüge.
Nein, es steht nicht darin, du hättest sie vergewaltigt. Aber Notzucht ist auch so schlimm genug.
Ich will dir mal was sagen... Er sprang auf und pflanzte sich bedrohlich vor mir auf, wobei er Mühe hatte, das Gleichgewicht zu halten: Die haben mich angezeigt, weil sie mich los sein wollten. Das ist die Wahrheit.
Karl, erzähl mir nichts. Kann sein, daß sie dich los sein wollten, aber die Aussagen des Mädchens erschienen dem Gericht glaubwürdig. Demnach hast du es gewaltsam zum Sex gezwungen. Du hast auch deine Frau mit heißem Kaffee verbrüht, indem du die volle Kanne nach ihr warfst, hielt ich ihm auf seine Einwände vor, das steht auch in deiner Prozeßakte. Deine Vorstrafen lassen darauf schließen, daß Gewalt gegen Frauen nichts Neues für dich war.
Denk doch von mir, was du willst. Es ist sowieso aus mit uns Zweien.
Er ließ sich wieder in den Sessel fallen. Ich fing gerade an, ihm mit aller Deutlichkeit zu sagen, daß er sich mit seinem Verhalten auseinandersetzen solle, anstatt den zu unrecht Beschuldigten zu spielen, als ich sein Weinen bemerkte. Ich stehe zu dir trotz all dieser schlimmen Dinge, sagte ich statt dessen. Aber sie dürfen nie, nie wieder vorkommen, und deshalb ist es nötig, darüber zu sprechen.
Er hatte wohl nur vernommen, daß ich ihn nicht von mir schob. Ehe ich mich versah, fühlte ich mich von seinen Armen umklammert. Nicht wie du denkst, Mutti, erklärte er, während er sich an mich preßte. Der Mann – damit meinte er wohl meinen Mann – weiß, daß ich anständig bin.
Diesen Satz hatte er schon öfter geäußert, und ich empfand dankbar, welch ein Schutz für mich sein Respekt vor meinem Ehemann war. Ich weiß, daß ich dir vertrauen kann, sagte ich aus dem Gefühl heraus, ihn an seiner Ehre packen zu können. Das bewirkte vielleicht mehr, als ihm

wegen seiner Straftaten noch länger ins Gewissen zu reden. Schuldzuweisungen hatte er in seinem Leben genug erfahren, ich mußte andere Wege gehen. Aber ein so uneinsichtiger Mensch wie Karl – ob der sein Verhalten je änderte?

11.

Er habe sich verliebt, erklärte Karl auf meinen erstaunten Ausruf seine Kleidung betreffend. Ich hatte ihn ein paar Tage nicht aufgesucht, und nun stand er in grauem Anzug, blauem Hemd und mit einem rotgestreiftem Schlips vor mir, in dem eine goldene Krawattennadel steckte. Wer hat dich denn so ausstaffiert? Sie, war seine knappe Entgegnung. Und er habe wenig Zeit, sie führen ins Theater.

In meinem Inneren leuchtete eine Signallampe auf. Karl verliebt! Mußte ich die Frau warnen?

Er brachte sie zu uns nach Hause mit dem stolzen Gehabe eines jungen Mannes, der seine Braut in die Familie einführt. Ich verbiß mir ein Lachen. Eine üppige Blondine rauschte herein. Hochrot gefärbte Lippen und Fingernägel. Wasserblauer Blick, mich mißtrauisch musternd. Das ist die Mutti, auf die brauchst' nicht eifersüchtig sein, gell, Mutti? Karl zog mich an seinen kostbaren Anzug, von dem ich später erfuhr, er stamme aus dem Nachlaß des verstorbenen Gatten seiner Lydia. Ein Volltreffer also. Sind Sie wirklich seine Mutter? fragte die Dame. Nicht direkt, er nennt mich nur so.

Er geleitete sie mit großer Geste in unser Wohnzimmer und zu einem Sessel, der unter ihrem Gewicht zu wanken schien. Gell, hier gefällt es dir, sagte er, und zog sich seinen Sessel dicht an ihre Seite. Meine selbstgebackenen Windbeutel waren nicht nach seinem Geschmack, hast' kein Wurstbrot da, Mutti? Lydia verspeiste die Windbeutel dagegen mit Appetit, er beobachtete es wohlgefällig. Kannst ruhig noch zulegen, meinte er und zeichnete einen Busen in die Luft, das mag der Mann. Er versuchte sie auf seine Knie zu ziehen. Sie zierte sich, ließ aber unter Kichern geschehen, daß er sie ins Ohrläppchen biß. Ich möchte dich töten, sagte er, aber lieb töten.

Ihr habt etwas versäumt, sagte ich am Abend zu meiner Familie, die das Weite gesucht hatte. Die Kinder lachten, als ich von Lydia erzählte, aber mein Mann war skeptisch. Das wird nicht lange halten, und was dann? Die Frage stellte ich mir auch. Wann würde er bei der Dame aus der Rolle fallen?

Schon am nächsten Tag. Lydia rief mich an und erzählte mit zornbebender Stimme, Karl habe sich am Abend in der Gastwirtschaft betrunken und sei laut geworden, nur weil sie einen früheren Bekannten traf. Ganz normal, man habe sich begrüßt, aber der Karl, vor den Leuten habe er sie beschimpft, Nutte, habe er sie genannt, das müsse sie sich wohl nicht gefallen lassen.

Ich versuchte ihr Karls Verhalten mit Eifersucht zu erklären, und was ist Eifersucht anderes als Liebe. Später redete ich Karl ins Gewissen. Wenn du deine Lydia behalten willst, darfst du erstens nicht über den Durst trinken, und sie zweitens nicht beschimpfen. Ach was, sagte er brummig, die wollte nur eins auf den Popo.

Mit meinem Versuch, die kaum begonnene Beziehung zu retten, kam ich zu spät. Am Abend des selben Tages erschien Karl mit einem Taxi vor unserem Haus und ließ es mich bezahlen. Was das kostet! Ich wollte ihm Vorhaltungen machen, da bemerkte ich, daß er weinte. So zog ich ihn in die Küche, wo ich gerade mit dem Einkochen von Pflaumenmus beschäftigt war. Was ist los, Karl, hat sie dich verlassen?

Das Weibsbild. Ich dreh ihr den Hals um. Hast 'n Bier?

Während ich im Topf rührte, um das Mus vorm Anbrennen zu bewahren, erzählte er unaufhörlich, was das Weibsbild ihm angetan habe, und dazwischen immer wieder: aber ich lieb' sie doch. Schließlich sackte sein Kopf auf den Tisch, er schien völlig fertig zu sein. Da es schon gegen Mitternacht ging, bot ich ihm an, bei uns zu übernachten, doch er wollte nicht. So fuhr ich ihn zu seiner Wohnung zurück, nicht ohne ihm das Versprechen abzunehmen, sofort zu Bett zu gehen. Und laß die

Frau in Ruhe. Wenn ihr an dir liegt, dann kommt sie von selbst wieder.
Am nächsten Morgen klingelte es, ich öffnete die Haustür. Lydia. Schweigend streckte sie mir ein beschriebenes Blatt entgegen: Hier, lesen Sie das, wenn Sie können.
Ich bat sie hinein und suchte nach meiner Brille. Auf dem eng und krakelig beschriebenen Papier konnte ich kein Wort entziffern. Bemühen Sie sich nicht, sagte die Dame, das hat ein Irrer beschrieben, der gehört in die Klapsmühle. Einen wie den darf man nicht frei herumlaufen lassen!
Ich drehte das Blatt in der Hand. Nur zwei Worte waren lesbar: Liebe... das war die Anrede. Und die Unterschrift: Karl. Dazwischen zogen sich buchstabenähnliche Gebilde über zwei Seiten des linierten Papiers, auch gab es einige Flecke. Von Tränen? Karl mußte sich beim Schreiben tatsächlich eingebildet haben, er könne schreiben, und er schrieb sich in der Nacht wohl sein Liebesleid von der Seele. Das bewegte mich und ich empfand mehr Mitgefühl als Ärger über Karl, obwohl ich erfuhr, daß er sein Versprechen, die Dame in Ruhe zu lassen, keineswegs beherzigt hatte. Er hatte bei ihr geläutet und, da sie nicht öffnete, Steine an die Fenster geworfen. Stellen Sie sich vor, was die Hausbewohner von mir denken mußten! rief die aufgeregte Dame. Schließlich habe sie aus dem Fenster gerufen, er solle sich schleichen, sonst hole sie die Polizei. Es sei aus für immer, das könne er sich merken. Daraufhin habe er die Sachen ihres verstorbenen Gatten, der sich nie so aufgeführt hätte, – nie! – auf die Stufen vor der Haustür gelegt. Obenauf den Brief, wenn man das Geschmiere einen Brief nennen will. Und Blumen, die er im Garten abgerissen hatte – das nennt er dann ein Geschenk! So einer wie Karl gehöre hinter Gitter, wo er wohl auch herkäme, und meine Beschützerrolle solle ich mir abschminken bei dem. Warnen hätte ich sie müssen, so einer ist gemeingefährlich. Läßt er sich noch einmal bei mir blicken, verklage ich ihn wegen Hausfriedensbruch, drohte sie beim Gehen.
Ein paarmal hatte ich zu Karls Verteidigung angesetzt, doch kam ich nicht zu Wort. Den Brief ließ sie liegen, was soll ich damit, meinte sie verächtlich. Ich verwahrte ihn zwischen den Tagebuchaufzeichnungen

über die Fort- und Rückschritte meines Schutzbefohlenen. Unleserlich, und doch voller Worte.

12.

Karls Reaktion auf seine unglückliche Liebe war drei Tage lang durchzusaufen. Am vierten Tag hörte ich auf mein Klopfen ein unwirsches »Komm rein«. Er lag stöhnend im Bett. Au au, Mutti, mein Kopf! Jetzt trink erst einmal einen Kaffee. Er rappelte sich auf. Das Zimmer sah unbeschreiblich aus. Und was ist mit deiner Arbeitsstelle?

Was mit der Arbeitsstelle war, erfuhr er per Post am gleichen Tag. Fristlos gekündigt. Das ist eine Katastrophe, Karl. Eine fristlose Kündigung bedeutet, du bekommst kein Arbeitslosengeld. Wir fahren sofort zu deinem Arbeitgeber.

Karl dorthin zu bekommen war Schwerarbeit – für mich. Ich mußte ihm zureden und schließlich drohen, keine Hand mehr für ihn krumm zu machen. Er könne allein aufs Arbeitsamt gehen und versuchen, mit dem Sachbearbeiter zu reden.

Ist ja recht, Mutti, ich komm' mit.

Ich mußte nicht nur Feuerwehr spielen, ich mußte für meinen Schützling auch lügen. Er sei krank gewesen, sein Chef möge ein Einsehen haben... So blieb ihm wenigstens das Arbeitslosengeld. Zum leben, aber nicht zum Saufen! fuhr ich ihn an, als er nach dem zweiten ein drittes Bier bestellen wollte. Schluß damit, sagte ich wütend. Sonst kannst du zu Fuß nach Hause laufen.

Ich machte die Drohung wahr, ließ ihn an der Theke stehen und fuhr weg. Mit Worten allein kam ich bei ihm nicht weit.

Am ehesten war er zugänglich, wenn ich ihn an seiner Eitelkeit packte. Du siehst gleich viel besser aus, wenn du nüchtern bist. Dein Gesicht ist dann nicht so gedunsen, und mit roten Augen bist du auch nicht gerade

hübsch. Wenn du nicht trinkst, hast du bestimmt mehr Chancen bei Frauen.
Das zog, denn Karl war wieder auf Freiersfüßen. Und ich schwebte wieder in Ängsten, was diesmal passieren würde. Hinsichtlich Frauen war er noch weniger ansprechbar als aufs Saufen.
Doch ich machte bei jeder Gelegenheit den Versuch: Daß Männer sich nicht schämen, mit einer Alkoholfahne über Frauen herzufallen, um sich zu holen, was sie freiwillig nicht kriegen! In der Liebe muß alles freiwillig sein. Nichts tun, was Frauen nicht mögen. Er war anderer Ansicht. Die wollen gerade das, was sie angeblich nicht wollen. Karl, hör auf, dir so etwas einzubilden. Solche Spinnereien machen es einem Mann leicht, seine Wünsche brutal durchzusetzen. Es soll sogar Männer geben, die glauben, eine Vergewaltigung werde von der Frau im Grunde gern hingenommen.
Mutti, davon verstehst du nichts, belehrte mich Karl. Wenn einer eine Frau vergewaltätigen tut, und nachher wird sie dick, dann hat sie Spaß dabei gehabt. Sonst würd' sie keinen Balg kriegen, stimmt's?
Ich konnte es kaum fassen. War Karl wirklich so einfältig, oder wollte er mich aufs Glatteis führen? In seinem Gerichtsurteil hatte ich von Debilität mittleren Grades gelesen, es aber als nicht zutreffend abgetan. Karl war doch nicht schwachsinnig! Oder hielt man ihn dafür, weil er Analphabet war? Gehörte nicht eine gute Portion Verstand dazu, sich ohne ein Straßenschild lesen zu können in einer Stadt zurechtzufinden? Im Bezug auf Frauen aber waren seine Ansichten von einer erschreckenden Naivität. In seiner Akte wurde er als Triebtäter geführt. Aber war er nicht einfach nur dumm? So etwas wie Aufklärung hatte er offenbar nie erfahren. Bei ihm jedoch die versäumte Aufklärung nachzuholen, dazu müßte ich über psychologische Kenntnisse verfügen. Ich konnte nur aus der Sicht der Frau sprechen. Wir Frauen sind vom Körperbau her der schwächere Teil, sagte ich. Gewalt gegen Frauen, oder gar gegen Kinder, ist nicht nur hundsmiserabel, sondern auch feige.
Ah geh, Mutti, sind die Engel, die Frauen?
Zum Beweis für die Niedertracht der Frauen rückte er mit der Beziehung zu einer Prostituierten heraus. Ich kannte die Geschichte, sie hatte zu

seiner ersten Verurteilung geführt. Er hatte die Frau offenbar zu Boden geschlagen und lebensgefährlich verletzt. Nach Karls Version war er mit ihr nur zusammen: wie es sich gehört, Mutti. Und dann wollte die Geld dafür. Die wollte Geld, und ich dachte, es wär' Liebe, verstehst'? Die war hintenrum, ein ganz dreckiges Luder war die.
War das ein Grund, sie halbtot zu schlagen?
Karl ging nicht darauf ein. Was ihm unangenehm war, wälzte er auf mich ab. Die Mutti hat keine Ahnung, aber schlau reden tut sie, brummte er vor sich hin. Wenn man ein Mann ist, verstehst', ein Mensch, – aber was weißt du schon davon.
Damit war für ihn die Sache abgetan. Ich war eben nur eine Frau.

13.

Nicht lange, und Karl stellte mir die neue Freundin vor. Diesmal ist es die Richtige, verkündete er strahlend und gab seiner Frieda einen Klaps aufs Hinterteil. Die fuhr herum: Wen hast schon vor mir gehabt, gesteh es, du Schludri.
Frieda arbeitete in einem Gasthof als Putzhilfe und bewohnte dort eine Dachkammer. Eine wuselige kleine Person mittleren Alters. Mit ihrem freundlichen Wesen nahm sie mich gleich für sie ein. Ich schöpfte Hoffnung für meinen Schützling, sollte er doch noch ein spätes Glück finden?
Frieda machte aus Karls verräucherter Bude ein Schmuckkästlein. Überall lagen Spitzendeckchen aus ihrer bayrischen Heimat. Und sie kochte in dem winzigen Duschraum hervorragende Gerichte. Auf die Toilette hatte sie ein Brett gelegt, darauf stand die Kochplatte. Patent in allen Lebenslagen, nur nicht, davon erzählte sie mir später, bei ihren Männerbekanntschaften. Drei Kinder von verschiedenen Männern, die Oma zog sie groß. Zuletzt habe sie einen Reichen gehabt, aber fies war

der auch, sie sei ihm heimlich davon. Von seiner Eifersucht mache man sich keine Vorstellung. Wenn der sie bei Karl fände, brächte er sie um. Bei mir, sagte Karl und zeigte seine Muskeln, kommt er an den Rechten. Er blühte in der Beschützerrolle förmlich auf. Und ich atmete auch auf. Mit Frieda an seiner Seite würde Karl mich weniger in Beschlag nehmen. Auch was die Liebe anbetraf, schien sich sein Verhalten zu normalisieren. Mit Frieda konnte er turteln und lachen, und als sie einmal unter Magenschmerzen litt, sah ich ihn besorgt am Bett sitzen und ihren Arm streicheln.

Bald zog Frieda ganz bei Karl ein. Der Vermieter tobte und wollte beide hinauswerfen, doch Frieda machte ihm schöne Augen und bot ihm eine geringfügige Mieterhöhung an. Noch mehr zahlen für diesen Halsabschneider! schimpfte Karl. Für die Schuhschachtel von einem Zimmer knöpfe er ihm eh' zu viel Miete ab. Doch er war stolz auf Frieda: Die wickelt einen jeden um den Finger.

Daß Karl aus dem Knast kam, hatte Frieda bald heraus und es störte sie nicht. Sie habe auch schon mal drei Monate gesessen. Unschuldig. Auch Karl hätte unschuldig gesessen, davon war sie überzeugt. Wenn dich vor Gericht jemand reinlegen will, der bringt es fertig. Die Richter glauben dem mehr als unsereinem. Karl nickte, er fühlte sich verstanden. Genauso ist es, mein Schatzel.

Für Frieda war ich auch bald die »Mutti«. Sie kam mit jedem Kummer zu mir. Eines Tages rief sie mich aus einer Telefonzelle an, Karl habe sie geschlagen. Ich setzte mich zornbebend ins Auto, um Karl zusammenzustauchen, und traf beide auf dem Bett sitzend beim Kartenspielen an. War das Ganze ein böser Witz?

Doch es wiederholte sich. Keine Woche später zeigte mir Frieda blutunterlaufene Stellen. Das war absolut kein Witz. Wenn du so weiter machst, Karl, wirst du Frieda genauso verlieren wie damals die Lydia. Bleib mir weg! Er hatte getrunken fing an, in unflätigster Weise über Frauen herzuziehen. Halt die Klappe, schrie ich ihn an und nahm Frieda für eine Nacht mit zu uns nach Hause.

Mitten in der Nacht klingelte er Sturm an unserer Haustüre. Ich will die Frieda!

Mein Mann übernahm es, ihm kurz und offenbar einschüchternd genug die Meinung zu sagen. Morgen können Sie kommen, Herr Schirmer, aber jetzt braucht Ihre Freundin Ruhe.
Am nächsten Tag gab es eine Versöhnung unter Tränen. Am übernächsten Tag war Frieda verschwunden und ein Teil der gemeinsamen Haushaltskasse dazu. Ein Brief: Lieber Schatz, wenn ich Prügel will, kann ich auch bei meinem Vorherigen bleiben. Der bietet mir wenigstens ein menschenwürdiges Leben.
Er gab mir den Brief zum Vorlesen. Denen dreh ich einzeln den Hals um, allen beiden, war seine Reaktion. Und dann häng ich mich auf, Mutti.

14.

Karl hielt es in seinem Zimmer nicht mehr aus. Da müßte er immer an das Dreckstück denken, die Frieda. Er hielt es auch auf seiner Arbeitsstelle nicht mehr aus. Warum gibst du immer sofort die Arbeit auf, wenn in deinem Leben etwas schief läuft? Das ist wohl das dümmste, was du machen kannst.
Nicht bös sein, Mutti. Ich häng mich auf.
Verdammt noch mal, Karl, laß solche Sprüche sein. Bei uns herumzusitzen und zu flennen, bringt die Frieda nicht zurück. Ich hab sie doch so lieb, sagte er.
Dann hättest du sie nicht schlagen dürfen. Ich – sie? Ah was. Wegen einer kleinen Ohrfeige macht die schon ein Riesentheater.
Ich versuchte ihm beizubringen, daß er sich nach einer Arbeit umschauen solle, anstatt ständig bei mir in der Küche hocken. Er war tief gekränkt. In der folgenden Nacht rief er kurz nach drei Uhr an. Ich fuhr aus dem Schlaf hoch und hörte ihn mit dicker Stimme sagen, wenn was passiere, sei ich schuld daran. Eigentlich hatte ich Lust ihn anzuschreien, doch ich besann mich und sagte: Gott sei Dank, du rufst an. Ich habe

mir Sorgen um dich gemacht. Hinterher war ich froh, meinem Unmut über die Ruhestörung nicht Luft gemacht zu haben. Denn Karl brauchte jemand, mit dem er jetzt, mitten in der Nacht, sprechen konnte. Ich verstand nur wenig, es ging um Frieda, immer wieder Frieda, mal schimpfend, mal heulend, es war, als redete er um sein Leben. Dazwischen machte es mehrmals klick im Telefon, er warf nie mehr als 30 Pfennige in den Automaten. Das letzte, was ich hörte, bevor ihm das Geld endgültig aus ging, war: Nicht bös sein, Mutti.

15.

Anruf von Frieda. Kannst du mir helfen, Mutti? Er hat mich seit Wochen eingeschlossen.

Wer? Und wo bist du? Ich schrieb Namen und Adresse auf. Keine Sorge, ich hole dich raus.

Mir war mulmig zumute. Wie hatte ich mir das vorgestellt? Die Tür aufzubrechen? Mich mit dem Unbekannten zu prügeln? Und ich war sehr froh, daß mein Mann mich begleiten wollte. Karl erfuhr davon nichts.

Nach einer Autofahrt von fast zwei Stunden standen wir vor dem angegebenen Wohnhaus. Auf unser Klingeln ein kräftiger Baß aus der Sprechanlage. Mein Mann nannte seinen Namen, er wünsche Herrn J. kurz zu sprechen. Der Summer. Wir stiegen drei Treppen hinauf. Oben öffnete uns Frieda.

Ihr Gesicht drückte in gleicher Weise Überraschung wie Entsetzen aus. Geht lieber wieder, flüsterte sie, sonst schlägt er euch tot.

Wer schlägt wen tot? Ihr Liebhaber erschien. Frieda setzte zu einer Erklärung an. Wir seien alte Bekannte und wollten sie besuchen. Daraufhin führte er uns bereitwillig in ein elegant ausgestattetes Wohnzimmer und holte Gläser aus einem Wandschrank. Woher kennen Sie Frieda?

Es hat keinen Sinn, um die Sache herumzureden, sagte mein Mann. Friedas Liebhaber reagierte prompt. Was hast du wieder angestellt, du Schlampe, fuhr er sie an. Sie saß zitternd auf der Armlehne meines Sessels. Nimm mich mit, Mutti, schluchzte sie, ich will zum Karl zurück. Welcher Karl? Er baute sich drohend vor uns beiden Frauen auf. Welcher Erwin oder Achmed oder Karl?
Sie können Frieda nicht einsperren. Entweder bleibt sie aus freien Stücken bei Ihnen, oder sie geht mit uns.
Bei dem bleiben? Nie! Frieda wurde mutig. Sie riß die Bluse auf und zeigte blutunterlaufene Striemen. Ich mußte daran denken, daß Karl sie auch nicht gerade sanft behandelt hatte.
Da bist du selber schuld, das weißt du, fuhr ihr Freund sie an. Ein gerissenes Luder ist die Frieda, erklärte er uns wütend, Mitleid verdient die nicht. Sie kommt und geht, gerade wie es ihr paßt, und zieht einem das Geld aus der Tasche. Gib die Ohrringe her, Frieda. Und wo ist der Pelz, den du das letzte Mal hast mitgehen lassen?
Laß uns fort, schnell! Frieda packte meine Hand und zog mich zur Tür. Wir waren schon im Treppenhaus, als er uns nachkam, die Arme voll Kleider und Wäsche. Behalt deinen Dreck! Rasch sammelten wir das zu Boden geworfene Zeug auf und liefen die Treppe hinunter. Ein leerer Koffer polterte hinterher.
Im Auto war Frieda sehr still, sie schluchzte nur ins Taschentuch. Wir machten ihr den Vorschlag, zu uns nach Hause zu kommen und am nächsten Tag mit der Bahn zu ihren Angehörigen zu fahren. Mit Männern habe sie nun wohl genug schlechte Erfahrungen gesammelt.
Sie übernachtete bei uns. Am andern Morgen erklärte sie, wieder zu Karl zurück zu gehen. Obwohl er dich nicht weniger geschlagen hat, als dein Liebhaber? Er hat wenigstens ein Herz im Leibe, sagte Frieda.
Das Wiedersehen wurde zum Rührstück. Zunächst tat Karl brummig. Kannst gleich wegbleiben. Lauf' wieder zu dem Kerl, bei dem du gesteckt hast. Und wo ist mein Geld?
Ich zahl es dir zurück, Karl. Du wirst sehen, ich finde wieder eine Arbeit. Ich hatte solch Heimweh nach dir...
Er stand am Fenster und wandte ihr den Rücken zu.

Frieda verstand sich aufs Schmeicheln. Jetzt weiß ich, wie gut ich es bei dir hatte. Und ich verlasse dich nie mehr, Schatz, wenn du anständig bleibst.
Einen Anständigeren wie mich kriegst du nirgends.
Das Eis war gebrochen, sie lagen sich in den Armen. Ich machte mich erleichtert davon.

16.
Laß dich überraschen, Mutti.
Frieda macht es spannend. Sie würden umziehen. Zu einer alten Dame, die Pflege brauche. Versteht ihr euch denn auf Krankenpflege? Das mache ich! Karl schlug sich auf die Brust. Alte Damen habe er schon immer pflegen wollen.
Wir fuhren also zur Besichtigung. Die beiden waren von der Wohnung in einem schmucken Häuschen begeistert, ich weniger, denn ich sah eine neue Katastrophe heraufziehen. Jedenfalls sagte mir mein Gefühl, daß die zierliche Dame an Karls rüpelhaftem Benehmen bald Anstoß nehmen würde.
Und so war es auch. Keine vier Monate nach dem Einzug teilte mir Frieda unglücklich mit, die Vermieterin habe einen Schlaganfall erlitten und durch ihren Anwalt eine Räumungsklage eingereicht.
Sicher nicht ohne Grund, rief ich ins Telefon.
Du weißt doch, wie Karl ist, war Friedas Antwort.
Doch die beiden fanden wiederum eine Bleibe, diesmal auf dem Land. Die Wohnung lag oberhalb eines Lagerschuppens, der zu einem Maurerbetrieb gehörte. Karl konnte dort als Handlanger arbeiten.
Wieder transportierte ich ihren Hausrat im vollgestopften Opel Kadett. Zunächst sah es für das Paar erfreulich aus, da Frieda Arbeit in der Landwirtschaft fand. Bis mich ein Notruf von ihr erreichte. Ob ich rasch kommen könne, der Karl würde spinnen. Im Ernst, sie glaube, er werde

verrückt. Der Grund für Karls Verstörung war, daß er mit dem Umzug aufs Land einen neuen Bewährungshelfer bekommen hatte. Der zeigte einen ihm ungewohnten Eifer, jedenfalls behauptete Karl, er spioniere ihm überall nach. Auf dem Weg zur Arbeit, und sogar an der Arbeitsstelle selbst sei er aufgetaucht. Sein Chef habe von einem Mann erzählt, der nach ihm gefragt habe.
Frieda schilderte mir anschaulich die Spinnereien ihres Karl. Stell dir vor, abends, wenn er von der Arbeit kommt, sucht er überall, sogar im Schrank. Irgendwo, glaubt er, habe sich der Bewährungshelfer versteckt.
Ich rief den Richter der Vollstreckungskammer an, der mir vor zwei Jahren so verständnisvoll entgegengekommen war. Am besten, Sie selbst übernehmen die Bewährungshilfe des Herrn Schirmer, schlug er nach einem längeren Gespräch vor. Offenbar kommen Sie doch recht gut mit ihm zurecht.
Durch sein unbürokratisches Handeln wurde ich für die restlichen Jahre seiner Führungsaufsicht Karls Bewährungshelferin. Ehrenamtlich, aber die nötigen Autofahrten konnte ich abrechnen.
Als ich mit der Neuigkeit zu meinem »Probanden« kam, sah der mich mißtrauisch an. Bist du nicht froh darüber? Oder glaubst du, auch ich würde im Schrank sitzen und dich beobachten? Das ist nicht zum Scherzen, wandte Frieda ein, der Karl hat sich mit Recht gefürchtet. Ich bat Karl für meine Bemerkung um Verzeihung und er vergab mir großmütig.
Aber der, sagte er, wenn der noch mal hier rumschleicht, dann zeig ich ihn an.
Er kommt bestimmt nicht mehr, denn jetzt ich bin deine Bewährungshelferin, versuchte ich ihn zu überzeugen. Er nahm mich um die Schultern, aber eine leise Unsicherheit schwang mit. Du bleibst doch die Mutti, oder?

17.

Was der Richter mir auferlegt hatte, war kein Kinderspiel. Dreieinhalb Jahre ehrenamtliche Bewährungshilfe – ich kannte Karl inzwischen gut genug, um zu wissen, welche Verantwortung ich damit übernahm.
Zunächst hatte ich mit dem hauptamtlichen Bewährungshelfer Kontakt aufzunehmen. Er schien erleichtert. Einen derartig ungehobelten Probanden wie Herrn Schirmer habe er in zwanzigjähriger Amtszeit noch nicht erlebt. Ich mußte mir bieten lassen, erzählte er aufgebracht, mit üblen Schimpfworten bedacht und aus der Wohnung geworfen zu werden. Daraufhin wollte ich Herrn Schirmer im Betrieb zur Rede stellen, wo er sich verleugnen ließ. Im Betrieb, sagte ich vorsichtig, will sich ein Vorbestrafter vielleicht nicht zu erkennen geben? So? Und wo soll ich ihn sonst aufsuchen, wenn er sich bei mir nicht blicken läßt?
Wir vereinbarten, daß ich ihm halbjährlich einen schriftlichen Bericht zukommen ließ. Etwaige Straftaten – hier hob sich seine Stimme – hätte ich ihm allerdings unverzüglich zu melden.
Meine halbjährlichen Berichte fielen dürr aus. Melden mußte ich, daß Herr Schirmer wieder die Arbeitsstelle gewechselt hatte. Wegen eines Streites mit seinem Chef, aber das unterschlug ich. Und melden mußte ich den neuerlichen Umzug. Karl war die betriebseigene Wohnung gekündigt worden. Das Paar zog bei einem Arbeitskollegen ein. Ich besuchte sie in einer Wohnung, die Frieda schnuckelig nannte, und schnuckelig waren Zimmer und Küche auch herausgeputzt. Frieda schien in ihrem Element zu sein. Sie hatte mich zu einem hervorragenden Essen eingeladen, und Karl ihr anerkennend den üblichen Klaps aufs Hinterteil versetzt.
Dann ging Frieda endgültig davon. Für immer, sagte sie am Telefon. Sie ertrage Karls Launen nicht mehr. Er habe eine volle Kaffeekanne nach ihr geworfen, sie hätte gerade noch ausweichen können.

Ich erschrak. Hatte ich etwas Ähnliches nicht schon in Karls Gerichtsurteil gelesen? Damals war seine Ehefrau die Zielscheibe für eine volle Kaffeekanne gewesen. Lief die alte Platte immer noch? Machte ich mir etwas vor, wenn ich annahm, Karl habe sich zum Positiven verändert? Und was tun, wenn Karl auch andere Vorfälle aus seiner Vergangenheit wiederholen würde?

18.

Nach Friedas Verschwinden merkte ich, wieviel sie mir abgenommen hatte. Karl war wegen seiner fehlenden Schreib- und Lesekenntnisse im geschäftlichen Bereich nahezu hilflos, und ich konnte ihm wegen der räumlichen Entfernung nicht immer zur Seite stehn. Besuchte ich ihn, fand ich amtliche Schreiben oder Mahnungen der Bank im Durcheinander einer Schublade. Zur Rede gestellt, entschuldigte er sich mit Frieda, die er Schlampe und Gaunerin und Schlimmeres nannte. Mit einem Haufen Schulden habe sie ihn sitzen lassen. So eine wie die gehöre eingesperrt.

Du hättest ihr keine Vollmacht über dein Bankkonto einräumen dürfen, sagte ich, doch mir war klar, er hatte Friedas Hilfe in Bankangelegenheiten gebraucht. Daß sie es ausnützte und sein Konto schwer belastet hatte, war eine der üblichen traurigen Erfahrungen eines Analphabeten. Karl fand wieder eine Frau, die für ihn kochte, seine Wäsche in Ordnung hielt und ihm Geld zusteckte. Alles wiederholte sich, auch daß er die neue Freundin so grob behandelte wie vorher Frieda. Mit Mühe konnte ich ihn davon abbringen, zu ihr in die Wohnung zu ziehen und die seine aufzugeben, denn es war vorauszusehen, daß sie ihn eines Tages vor die Tür setzen würde.

Über Wiederholungen zu berichten, ist auf die Dauer eintönig, deshalb werde ich hier abbrechen. Für mich allerdings ging es weiter, Karl ließ

mich nicht zur Ruhe kommen. Seine neue Freundin war nicht so duldsam wie Frieda. Als er sie einmal im Zorn zu Boden schlug, drohte sie mit der Polizei. Ich versuchte, sie von einer Anzeige abzuhalten, die einen Widerruf von Karls Bewährung zur Folge gehabt hätte.
Rückblickend frage ich mich, warum ich es nicht darauf ankommen ließ. Wäre Karl wieder ins Gefängnis gekommen, wären Frauen für eine Weile vor seinen Wutausbrüchen sicher gewesen. Für eine Weile. Denn irgendwann wäre er wieder entlassen worden, vermutlich noch uneinsichtiger und verhärteter als jetzt. Und alle meine Bemühungen wären umsonst gewesen.
Waren sie nicht umsonst? War es nicht Flickarbeit, die ich leistete? Wenn ich das eine Loch stopfte, tat sich ein anderes auf.
Zum ersten Mal verzweifelte ich an der selbstgewählten Aufgabe. Ich sehe in meiner Betreuung keinen Sinn mehr, sagte ich zu meinem Mann. Darauf warte ich seit langem, antwortete er. Du bist dem Schirmer nicht gewachsen.
Was sollte ich tun? Die Führungsaufsicht wieder dem hauptamtlichen Bewährungshelfer überlassen, der ihn als ungehobelten Probanden bezeichnet hatte?
Meine Phase der Niedergeschlagenheit war notwendig, um mir über meine Stellung zu Karl klar zu werden. Vielleicht mußte ich von dem Gedanken wegkommen, ihn ändern zu wollen, und einsehen, daß er seine festgefahrenen Verhaltensweisen durch mein Auf-ihn-Einreden nicht einfach ablegen konnte. Wenn überhaupt, dann durch gelegentliche Anerkennung. Ich ließ keinen Anlaß dazu vorbeigehen. Gell, du bist stolz auf mich, konnte er dann in kindlicher Freude sagen. Ob es etwas bewirkte, eine Mäßigung, wenn ihm wieder die Pferde durchgehen wollten, war für mich nicht abzusehen. Was Zeit braucht, ist schwer zu beurteilen.
Auch ich hatte ja lange Zeit gebraucht, mich auf Karls Wesen einzustellen, das ich am Anfang abstoßend fand. Inzwischen aber hatte ich auch die liebenswerten Züge entdeckt, die sich unter der Grobheit verbargen. Altmodisch ausgedrückt, der ungehobelte Kerl war mir trotz allem ans Herz gewachsen.

19.

Karl ist inzwischen Rentner. Die für die Rentenberechnung fehlenden, weil in Haft verbrachten Jahre, reduzieren die Rente auf ein Existenzminimum. Mit dem Erfolg, daß bei mir das Telefon klingelt. Nicht, daß er bettelte, er verklausuliert geschickt seine Geldnot, doch wie kann ich ihn hängen lassen, krank, wie er wieder ist, zu essen hat er auch nicht, die Frau hat ihn wieder einmal verlassen, und der Fernseher muß zur Reparatur. Am besten wär's, ich ging wieder da rein, du weißt schon wo, ist sein letztes - nicht ernst gemeintes - Druckmittel, und er freut sich, wenn ich sage: Unsinn, Karl. Du hast es schon so lange geschafft, draußen zu bleiben, du wirst es auch weiterhin schaffen.

Meine Rolle ist, ihm zuzuhören, wenn er anruft, und er ruft gern und lange an, manchmal zu lange, wenn ich zu tun habe. Doch ich weiß, er braucht jemand, der immer für ihn erreichbar ist in seinem an Beständigkeit armen Leben.

Ist das viel, ist es wenig? Lohnt sich dafür der Packen Aufregung und Ärger, den ich mir mit seiner Betreuung eingehandelt hatte? Heute weiß ich, daß ich nicht nur gegeben, sondern auch bekommen habe, und daß ich den Teil meiner Lebenserfahrung, der Karl Schirmer heißt, nicht missen möchte.

Auf seine Weise hat er mir einmal gedankt: Ich werde dir auch mal einen Stein in den Garten werfen. Einen Stein? Die Mutti versteht nichts, sagte Karl, aber ich mag sie trotzdem.

Dritter Teil

Streiflichter

Momentaufnahmen aus einer Gesprächsgruppe

Freddy

Was macht der Kleine im Gefängnis? Daß er über die Jugendstrafe hinaus ist, sieht man ihm nicht an. Blonder Lockenkopf, Stupsnase. Zille-Bilder fallen zu ihm ein. Berliner Schusterjunge, ebenso gerieben wie treuherzig. Buben wie er begehen dumme Streiche, aber keine Straftaten.

Seit mehr als drei Jahren ist er in Haft.

In der Gruppe erzählt er von zu Hause. Er ist das fünfte von sechs Kindern. Mutter mußte durchgreifen, das sieht er ein. Und Vater konnte schon mal ausrasten und mit dem Messer auf einen losgehen, er ist Fleischer. Freddy sollte immer auf den jüngeren Bruder aufpassen, das habe ihm gestunken, sagt er, aber die Sache mit dem Vater höre sich schlimmer an, als sie ist.

Du verteidigst deinen Vater, obwohl er mit dem Messer auf dich losging? Das war bald verheilt. Freddy spricht davon wie von etwas besonders Lustigem. Er hat ein nettes Lachen. Die Mitgefangenen verwöhnen ihn wie ein Kind, schieben ihm Tabak und Kaffee zu. Einmal klebt an seinem Platz Haschisch unter der Tischplatte. Nur 'n Kaugummi, sagt er, ihr fallt aber auch auf alles herein.

Haschisch habe er erst im Knast kennengelernt. Vor der Haft habe er niemals gekifft. Nur Cola mit Schuß, darauf sei er abgefahren. Beim Spielen. In Spielsalons sei er zuhause gewesen. Außerdem habe er sich täglich mindestens drei Horrorfilme reingezogen. Woher hattest du denn das Geld dafür? Ich gewann eben beim Pokern.

Lustige Geschichten. Seine Straftat war nicht so lustig. Durch die Videos,

sagt er, sei er darauf gekommen. Warum sollte es nicht auch bei ihm klappen. Nur war nicht genug in der Kasse. So mußte er es noch einmal versuchen. In einer Videothek, da ließ er gleich noch Videos mitgehen. Aber dadurch kamen sie ihm auf die Schliche.
Das Zusammenreimen der Geschichten überläßt er seinen Zuhörern. Mit seinem unschuldigen Kindergesicht muß man ihn einfach gern haben. Man hat ihn wohl etwas zu gern. Eines Tages erscheint er mit kahlrasiertem Schädel. Bist du jetzt bei den Skinheads? Nee, mit denen habe er nichts am Hut. Er wolle keine Mädchenlocken mehr.
Armer Freddy, gewiß kann er sich kaum der Anträge erwehren. Das Abscheren der Locken wird nicht viel nützen, bald sprießt das Blondhaar wieder.

Rose

Rose fehlt ein vorderer Schneidezahn. Die Haut seines kantigen Gesichtes ist unnatürlich gelb, auch seine Zähne sind gelb und sogar sein Haar hat einen gelblichen Schimmer, es ist strähnig und fällt ihm auf die Schultern. Der ganze Mann sieht aus wie hinter Mauern vergilbt. Ist er krank? Hat er den Schneidezahn bei einer Schlägerei eingebüßt? Unwillkürlich stellt man Mutmaßungen an. Rose denkt nicht daran, jemand über seinen Zustand aufzuklären. Sein Kurs im Knast ist Verweigerung. Er verweigert die Arbeit und kann deshalb nicht einkaufen. Ich maloche doch nicht für'n paar Pfennig in der Stunde. Das ist seine Meinung. Er werde den Teufel tun, das ausbeuterische System noch durch Arbeit zu unterstützen. In seinen matten Augen flackert bei solchen Aussagen kurz ein rebellisches Funkeln. Er gehe niemals zum Hofgang an die frische Luft: Er biedere sich dem von Grund auf falschen Strafsystem in keiner Weise an. Auf eine vorzeitige Entlassung könne er verzichten. Sozialarbeiter, Pfaffen oder Psychologen bekämen ihn nie zu

sehen. An der Gesprächsgruppe nehme er nur teil, um nicht vollends zu verblöden.
Aus der Zurückhaltung gelockt, wird er laut. Was redet ihr von draußen für einen Scheiß. Wenn ich aus dem Tor gehe und mir kommt einer entgegen und haut mir eine in die Fresse, soll ich da weglaufen?
Mehr als Gewalt scheint er in seinem 35-jährigen Leben noch nicht kennengelernt zu haben. Die Polizei haßt er seit seiner ersten Festnahme. Da habe die Polente ihm Schnitte gesetzt – ihn geprügelt, übersetzt er für »die von draußen« – und ihn auf Verdacht hin mitgenommen. Jugendstrafe. Dabei habe er sich nur verteidigt, was ja wohl sein Recht sei. Auch bei einer Schießerei mit den Bullen. Hätten die den Ballermann in der Tasche gelassen... Die fingen an, nicht ich. Und dann wirste verurteilt. Zu unrecht, aber das kapiert ihr nicht. Bei mir, sagt er, war die Lampe wegen 'ner anderen Sache an, na ja, was soll ich mich da rausreden.
Auf seinen Handrücken sind purpurrote Rosen tätowiert. Oberhalb des Bauchnabels ein Fackelträger in einer Landschaft, in der über den Brustwarzen schwarze Vögel fliegen. Er knöpft sich niemals das Hemd zu.
Als seine Mutter im Sterben liegt, verweigert er den letzten Besuch, weil er sie in Begleitung eines Beamten aufsuchen soll. Auch an der Beerdigung nimmt er wegen der Handschellen nicht teil. Sitzt stumm in der Gruppe, stopft sich mit dem ihm von einem Mitgefangenen zugeschobenen Tabak eine Zigarette und kaut an einem Haß, der sich ins Maßlose steigert.

Der Indianer

Der Indianer ist eine Weißhaut. Es mögen die schmalen Augen und die dichten schwarzen Haare sein, die an einen Indianer denken lassen. Oder es ist seine Art, Worte eine Weile auf sich wirken zu lassen, bevor er eine Antwort gibt. In der Gesprächsrunde wartet er still eine Pause ab und wirft ein: Das stimmt so aber nicht... oder: Es ist aber doch so, daß... und es folgt eine knappe Erklärung, weshalb etwas nicht so sein kann, wie die anderen glauben. Daraufhin zieht er sich wieder in sein aufmerksames Schweigen zurück.

Er hat das Gymnasium bis zur zehnten Klasse besucht. Nach der Scheidung der Eltern ließen seine vorher guten Noten nach. Er habe keine Lust mehr zum Lernen gehabt, auf keine Klassenarbeit und überhaupt nicht. Nur Latein habe ihn interessiert. Zuletzt habe er Ovid gelesen, erzählt er, und seine Augen blinken kurz auf. Dieses Aufblinken der Augen in seinem sonst eher unbewegten Gesicht: Signal seiner unruhigen Intelligenz. Er holt während der Haft die Fachhochschulreife durch ein Fernstudium nach. Nach der Entlassung will er studieren. Nur zögernd spricht er von seinem bisherigen Leben und von seinen Zukunftsplänen, nur, wenn er direkt darauf angesprochen wird. Weshalb er in Haft ist, wird er nicht gefragt. Allenfalls stellt ein Mitgefangener fest: Sechs Jahre? Das ist 'n Batzen.

Überraschend bei seinem zurückhaltenden Wesen ist, daß er hin und wieder ironisch wird. Wir haben's gut, jede Woche Jägerschnitzel. Mit der Bemerkung meint er die Zellenkontrollen, bei denen gründliche Sicherheitsbeamte das Zellenmobiliar samt Inhalt filzen. Er witzelt auch mal über Mitgefangene. In die Kirche zum Händefalten, weil der Stoff ausgegangen ist.

Eine Schlägerei ist gerade noch zu verhindern.

Einmal, einige Mitgefangene hatten vom Dahinvegetieren im Knast gesprochen, greift er sich an die Kehle und beginnt mit offenem Mund zu hecheln, als bekomme er keine Luft. Man hält es für einen seiner zynischen Scherze, und so ist es wohl auch. Jedenfalls stimmt er in das Lachen der anderen ein, besser gesagt, er grinst melancholisch vor sich.

Nach seinem ersten Ausgang kehrt er als ein Verwandelter zurück. Im Schwarzwald sei er gewesen, auf dem Belchen. Wie er da gestanden habe und die Landschaft unter sich liegen sah... ein Augenblick sei das gewesen...

Die Brille

Harald hat Selbstermahnungen an die Zellenwand geheftet. »Der Unmutslust will ich Herr sein, aufgestiegenen Unmut werde ich siegreich überwinden.« Sein Zellengenosse berichtet davon. Er habe ihm vorgeschlagen, sich lieber ein Weib vor die Nase zu hängen, dann vergehe der Unmut schon von allein.

Was weiß der schon von mir. Harald zeigt ein gequältes Lächeln. Er ist ein Grübler. Runde weiße Brillengläser, hinter denen sich seine Augen verschanzen. Glatt rasiertes Gesicht, glatt zurückgekämmte Haare. Entschließt er sich nach langem Schweigen etwas anzumerken, stößt die Brille vor, als sei sie es, die spricht. Ich glaube nur an das, was ich weiß, sagt er. Das einzige, was ich sicher weiß, ist, daß ich bin, das genügt mir.

Warum du bist, fragst du dich das nie?

Ich frage mich nur, warum ich so bin, wie ich bin.

Wie denn?

Wie andere mich haben wollen, sagt die Brille. Man wird zu anständigem Verhalten gezwungen. Man wird in die Schule gezwungen. Man wird in die Kirche gezwungen. Am Ende ist man der, der man ist.

Warum machst du bloß alles so kompliziert?

Bestenfalls werden wir zu Konsumenten erzogen. Zu Konsumenten von Leben.

Die Brille zuckt.

Harald kommt aus einer Juristenfamilie. Großvater, Vater, Bruder Juristen. Er selber begann ein Jurastudium. Bis er alles hinwarf.

Warum, du Idiot, fragt ein Mitgefangener. Du könntest in der Robe dasitzen und einen wie uns zu zehn Jahren verknacken. Muß ein Vergnügen sein, einem zehn Jahre reinzudrücken.

Wie käme ich dazu, zittert die Brille, über andere zu Gericht zu sitzen? Ich weiß doch nicht einmal, wer ich bin.

Merkel
Knast macht ihm nichts aus. Den sitzt er auf einer Arschbacke ab. Im Knast habe er keinen Ärger wie draußen, treffe alte Bekannte und könne sich eine Weile ausruhen. Nur achte er bei einer Straftat darauf, daß die Länge der Zeitstrafe sich in Grenzen hält. Auf der Gewaltschiene laufe deshalb bei ihm nichts.
Erholung nennst du das? Unter Erholung stelle ich mir Urlaub auf Mallorca vor.
Mallorca, sagt Merkel verächtlich und erklärt, er mache auf den Bahamas Urlaub oder gar keinen.
Oder in der Kiste. Das hast du doch gerade verkündet.
Keine Antwort. Merkel läßt sich nicht festlegen. Er taktiert. Als Geschäftsmann macht er offenbar auch im Gefängnis gute Umsätze. Darauf angesprochen, freut er sich, weit entfernt davon, die unverschämten Zinsen, die er auf Tabak und Kaffee aufschlägt, zu verheimlichen. Du bereicherst dich ungeniert an deinen Kollegen?
Der so fragt, ist Student der Sozialpädagogik. Er habe nicht damit gerechnet, im Gefängnis waschechte Kapitalisten vorzufinden.
Die Bemerkung bringt Merkel in Hochform. Die kleinen Äuglein verschwinden im gefälligen Fett der Wangen, der kleine Mann glänzt von der Glatze bis zum Doppelkinn. Auch sein roter Jogginganzug ist aus Glanzstoff und gewiß nicht für sportliche Leistungen vorgesehen. Sportkleidung ist die einzige Möglichkeit der Gefangenen, sich der einheitlichen blauen Gefängniskleidung zu entziehen, und so sind alle Gruppenmitglieder mehr oder weniger Sportler. Merkel treibt zudem Imagepflege mit einer teuren Markenuhr und mit einem Kreuz an der Goldkette. Denn selbstverständlich hält er es mit der christlichen Moral.
Ich mich an meinen Kollegen bereichern? grollt er. Womit denn, mit den paar Kröten? Dafür trage ich schließlich das Risiko. Seht es mal als reinen Dienstleistungsjob.

Beeindruckend wie der Mann ist auch seine Philosophie. Jedem auf dieser Welt sei eine Rolle zugeteilt, dem Hungerleider wie dem Ausbeuter, dem Sträfling wie dem Aufpasser, dem Pfaffen wie dem Ganoven.
Und wo bleiben die Frauen auf deiner Liste?
Die Frauen sind dazu da, uns das Leben zu versüßen.
Wir drei Frauen geben ihm kräftig heraus. Er strahlt. Heute dreht sich in der Gesprächsgruppe alles um ihn. Ein Mitgefangener fragt, ob man nach seiner Meinung immer die gleiche Rolle erfüllen müsse. Bleibt einer zeitlebens ein Verbrecher, kommt er da nie mehr heraus?
Nie. Es sei denn, er buckelt und buckelt und wofür? Schulden abtragen. Nennt sich das Leben? Ich für mein Teil fange mit kleinen Brötchen gar nicht erst an. Und wenn ich wieder hier lande, na und?
Die Knastkollegen hängen an Merkels Lippen. Da hören sie aus berufenem Munde, daß sich ein arbeitsames Leben für einen Vorbestraften nicht lohnt. Der Student versucht dagegenzuhalten: Ich komme doch auch mit meinem Bafög aus. Zugegeben, mehr schlecht als recht, aber ab und zu ein Steak in der Pfanne, also das ist drin.
Deshalb bist du auch nur 'ne halbe Portion! Merkel freut sich. Was sind die Leute bescheuert, die von draußen in den Knast kommen, besonders solche, die Sozialpädagogik studieren! Hör zu, sagt er beim Verabschieden und haut der halben Portion auf die Schulter, ich will dich nicht kränken, aber bei mir kannst du noch was lernen. Von wegen Steak in der Pfanne. Wenn ich rauskomme, werde ich für dich ein Grillfest veranstalten mit einem halben Ochsen am Spieß. Volle Pulle, verstehst du?
Ich verstehe nur, daß du deine Rolle gut drauf hast. Nur stimmt was nicht mit dem Drehbuch, sonst säßest du jetzt anstatt im Knast auf den Bahamas.

Bahnhofskiosk

Waldemar ist maulfaul. In der Gruppe macht er kaum den Mund auf, es sei denn, man spricht ihn auf seine Kinder an. Sechs hat er von der Sorte. Von sechs Frauen und mit keiner war er verheiratet. Die wollten es so, behauptet er. Alimente zahlen? Woher nehmen, wenn nicht stehlen. Mit diesem Spruch ist das Thema für ihn beendet.

Hast du es nie mit einer ehrlichen Arbeit versucht?

Waldemar rollt sich die nächste Zigarette. Seine Bewegungen sind so langsam, wie seine Gesichtsmuskulatur träge. Kein Ausdruck von Gefühlen. Im Knast ist er mit seinen 32 Jahren zum vierten Mal. Aber immer nur für zwei oder drei Jahre, sagt er, als sei das nichts. Doch, gearbeitet habe er manchmal, aber nie lange. Dann sei er wieder eingefahren. Diesmal sitze er unschuldig in der Kiste. Er sagt das völlig ungerührt.

Unschuldig – und da wehrst du dich nicht?

Was soll's, sein Recht kriegt man ja doch nie.

Und wieso glaubst du, du seiest unschuldig?

Weil es die andern waren, sagt er, die den zusammengeschlagen haben. Aber mich haben sie erwischt.

Nun mal von vorne: Wer war der, und wer waren die andern?

Wer der war, weiß ich nicht. Der hatte übrigens nur zehn Mark in der Tasche.

Und die andern?

Weiß ich nicht. Ich lernte da welche kennen, am Bahnhofskiosk. Als denen das Geld ausging, fragten die, ob ich mitkomme. Wie konnte ich wissen, daß sie den zusammenschlagen würden, den mit den zehn Mark?

Waldemar wird seine Verurteilung nie begreifen. Er habe groß nichts gemacht. Heim sei er und ins Bett. Am nächsten Morgen habe ihn die Kripo geholt. Ganz verschlafen sei er noch gewesen. Gar nicht mehr gewußt habe er, um was es geht. Was hätte er auch machen sollen. Wie der Mann da auf dem Feld lag, habe er ihn für besoffen gehalten.

Das aus ihm herauszufragen, ist mühsam. Eine Mitschuld am Tod des Mannes will nicht in seinen Kopf. Irgendwann wird er entlassen werden. Sein erster Weg führt vermutlich zum Bahnhofskiosk.

Selig sind die Friedfertigen

Albert ist neu in der Gruppe. Keiner weiß so recht, ob er ansprechbar ist. Sitzt verdruckt da, weit vom Tisch abgerückt, hängender Kopf, eine Narbe über die Wange bis zum Mundwinkel. Alberts stille Anwesenheit hat etwas Beunruhigendes. Der könnte sich ja auch mal am Gespräch beteiligen!

Eines Tages bricht er aus, anders kann man seinen plötzlichen Redeschwall nicht nennen. In der Gruppe wird über Kindheitserlebnisse gesprochen, die Beiträge reichen von heiter – wie die Oma hereingelegt wurde – bis zu den Prügeln des Vaters, was auch zu erheitern scheint und Gelächter auslöst. Und nun berichtet Albert von der familiären Hölle, die er als Kind durchlebte. Vom Sadismus seiner Eltern, die ihr Kind mit ausgeklügelten Quälereien an Körper und Seele mißbrauchten, um es gefügig zu machen. Um sich daran aufzugeilen, so drückt er es aus. Er spricht den Tisch an, nicht uns.

Im Anschluß daran kommen auch bei Mitgefangenen früh erfahrene Verletzungen zur Sprache. Wir von draußen tragen nach diesem Gruppentreffen, das so heiter begonnen hatte, entsetzliche Bilder nach Hause.

Albert erscheint ein halbes Jahr lang nicht mehr in die Gruppe. Wir rätseln, ob ihm im Nachhinein seine Offenheit peinlich ist, oder ob er ähnlich tiefen Gesprächen aus dem Weg gehen will. Aber ausgerechnet an dem Tage, an dem wir »Konfliktbewältigung« im Programm haben, sitzt er wieder an seinem Platz. Nicht mehr auf die Tischplatte starrend, an seinem Aussehen, seiner ganzen Haltung hat sich irgend etwas verändert.

Zum Thema werden Vorschläge gesammelt. Weggehen, wenn dich einer blöd anquatscht. Klappe halten. Luft rauslassen. Erst mal drüber schlafen.

Da wüßt' ich was besseres, sagt einer und macht die Bewegung des Zuschlagens.
Selig sind die Friedfertigen... Das ist Albert.
Nun fang bloß nicht mit Jesus an.
Er sei ihm begegnet.
Kam er in deine Zelle gelatscht?
Die Mitgefangenen reagieren empfindlich, wenn einer mit Bibelsprüchen kommt.
Nein, innen. In mir drin. Es sei gewesen, als habe er einen Schlag gekriegt, halb ohnmächtig habe er sich gefühlt.
War der Stoff gut? fragt einer.
Er läßt sich nicht beirren. Ich weiß jetzt, daß es geht, sagt er.
Was soll denn deiner Meinung gehen?
Daß du angenommen wirst. Einfach so, wie du bist.
Wollten wir nicht über Konfliktbewältigung reden? Die Gruppe wird ungeduldig.

Ein dicker Fisch

Alte Leute um die Ersparnisse bringen? Nicht mit ihm, man hat doch seinen Stolz.
Der das von sich sagt, betrügt lediglich in großem Stil, und das nicht nur einmal. Der Kripo sei ein dicker Fisch ins Netz gegangen, habe es damals in der Zeitung geheißen. Das war vor zehn Jahren, als das Gericht ihm die Sicherheitsverwahrung anhängte. Und wofür? Wegen ein paar Schecks. Ist das etwa 'n Totschlag?
Der dicke Fisch ist nicht dick, aber kräftig und groß, eine beeindruckende Erscheinung. Eingeliefert mit 36, jetzt ist er 46 Jahre alt, das damals blonde Haar fast grau, die Gesichtshaut stark gerötet. Er ist von aufbrausendem Temperament, in der Gruppe hütet man sich, ihn zu reizen.

Mit unverhohlenem Stolz erzählt er, man habe fünf Beamte gebraucht, um ihn in die Beruhigungszelle zu bringen. Renitent, heiße es von ihm in seiner Akte. Er werte es als Anerkennung.
Als sein Antrag auf Ausgang abgelehnt wird, versteht er die Welt nicht mehr. Warum erhält er keine Lockerungen wie K., dieser Drecksack auf zwei Beinen? Den solle man ihm zeigen, den er je ernstlich verletzt habe. Ich mache mir, sagt er, seine Boxerfäuste betrachtend, an dem Pack doch nicht die Hände schmutzig.
Meinst du damit jemand Bestimmtes?
Er antwortet nicht. So wenig er die Welt versteht, so wenig versteht sie ihn. Wenn er sich in Rage redet, läßt man ihn reden, damit er nicht noch völlig ausrastet. Er kann derartig laut werden, daß es im ganzen Gebäude zu hören ist, und das will bei dem im Gefängnis vorhandenen Geräuschpegel etwas heißen.
Luft macht er sich, indem er Beschwerden schreibt. An die Vollstrekkungskammer. An das Oberlandesgericht. An das Justizministerium. An den Petitionsausschuß einer Partei, von der er annimmt, sie bestehe nicht nur aus Halunken. Als sie die von ihm geforderten Haftlockerungen nicht durchsetzen kann, beschimpft er sie auch als Halunken.

Ab nach Italien!
Udo gehört zu den Jüngsten. Knapp an der Jugendstrafe vorbei, sonst wäre er besser weggekommen. Fünf Jahre hat er gekriegt. Er trägt Mittelscheitel und hat das Haar zu einem Zöpfchen gebunden. Wenn er spricht, dann nur über sich selbst. Andere Themen interessieren ihn nicht. Geht mir weg mit Politik. Umwelt, wenn ich das schon höre. Nur beim Thema Kindererziehung wird er lebhaft. Die Eltern hatten eine Bäckerei, erzählt er. Nachts wurde er aus dem Bett gejagt, der Vater stand da schon in der Backstube. Die Mutter – wann hatte die mal Zeit

für ihn. Das Bimmeln der Ladenglocke unterbrach jedes Gespräch. Die Eltern lebten eben vernünftig. So hätten sie den Sohn auch haben wollen, vernünftig.
Was nennst du vernünftig?
Vernünftig ist, was einen materiellen Vorteil bringt. Das habe er bei den Eltern gelernt. Für sie galt nichts anderes als der materielle Vorteil. Aber ihm, Udo, vergönnten sie keinen. Als er ein Motorrad kaufen wollte, auf das er gespart hatte, fanden sie es unvernünftig. Die Großeltern halfen ihm und legten noch drauf. Eine 550 Kubik! Damit komme ich nicht lebend heim, hatte er gedacht. Den Führerschein habe er auf einer 150ger gemacht, so einer Opa-Maschine.
Kommt er aufs Motorradfahren, scheint er für kurze Zeit die Gitter zu vergessen, hinter denen er seit zwei Jahren lebt. Mit der Freundin ab nach Italien! Nicht zu beschreiben, wie man da drauf ist. Und wenn du unterwegs andere triffst, in deinem schwarzen Lederzeug gehörst du gleich dazu. Eine tolle Kameradschaft. Auch die Bräute gehören dazu. Die Gisela damals, echt, da war die nachher ganz bleich. Bei so 'nem Apparat, da mußt du exakt wissen, wieviel du in der Kurve riskieren kannst. Einmal, nach der Disco, das war im November und es hatte geschneit, da hätte es uns fast gelegt.
Mit wieviel Promille? Nun sag schon.
Man muß wissen, wieviel man verträgt.
Hast du es immer gewußt?
Egal. Jetzt sitze ich hier.
Weil du mit dem Motorrad Mist gebaut hast?
Wenn mich einer anmacht, seh' ich eben rot. Und dann behauptet der auch noch, ich hätte ihn umlegen wollen. Notwehr war's, weiter nichts.
Wer hatte das behauptet?
So 'n Spaghettifresser. Sollen die mir doch wegbleiben und nicht dumm rumlabern.
Wie sprichst du von den Italienern? Gerade hast du erzählt, wie gern du in Italien warst.
Das war was anderes. Hier gehen sie mir auf den Keks.
Würde es dir gefallen, wenn man so über dich herzöge?

Denkt doch, was ihr wollt. Udo bemüht sich, das lästige Thema abzuschließen. Aber es hat Spaß gemacht, sagt er, mal wieder übers Motorradfahren zu reden.

Vom sinnvollen Leben

Köhler arbeitet in der Anstaltsbuchbinderei. In seiner Freizeit stellt er in der Zelle Fotoalben oder in Leder gebundene Tagebücher her, jedes Stück professionell, er kann etwas. Mit den Händen, sagt er, gelingt mir alles. Im Denken bin ich nichts – er schlägt sich an die Stirn. Dabei bringt er oft Ansichten vor, die für ihn einnehmen. Die Umwelt schonen. Die Mitmenschen lieben. Vertrauen schenken, selbst im Knast, und lernen die Enttäuschungen hinzunehmen. Er wolle in Zukunft ein Leben führen, das Sinn macht, und er fange schon im Gefängnis damit an. Er berate die Mitgefangenen und halte ihnen vor, was sie an ihrer Lebensweise ändern müßten. Wenn sie nicht darauf eingingen, sei er traurig. Also doch enttäuscht? Nein. Er glaube an Gott. Von Gott werde man nie enttäuscht.

Ob Köhler es ehrlich meint? Wie kommt einer, der nur Gutes tun will, ins Gefängnis? Er hat freimütig davon erzählt. Die Eltern seien streng gewesen, der Vater geizig. Jeder Pfennig wurde umgedreht. Da habe die Mutter frische Landeier verkauft, und hinten im Hof war das Hühnergefängnis. Eine Batterie. So eng saßen die Viecher, daß sie einander die Federn ausbissen. Ein Knast für die Hühner, versteht ihr?

Wenn es nach Köhler gegangen wäre, hätten die Hühner ins Freie dürfen. Einen richtigen schönen Auslauf hätte er ihnen bauen wollen. Aber es ging nicht nach ihm, nie. Weil er nicht denken konnte. In der Schule ein Versager. Im Leben auch. Das habe sein Vater geglaubt. Bis er ihm den BMW vor die Tür stellte.

Du hast deinem Vater einen BMW vor die Türe gestellt?

Nicht wie ihr denkt. Gekauft.
Woher hattest du denn auf einmal so viel Geld?
Man muß eben clever sein.
Du behauptest doch, nicht denken zu können.
Kann ich auch nicht, sagt Köhler. Hätte ich gedacht, so säße ich jetzt nicht hier.

Der Graf

Eine beeindruckende Erscheinung. Das Gesicht mager und sehr bleich. Das Haar stark gelichtet, Geheimratsecken nennt er den frühen Lockenschwund. Tatsächlich hatte er früher Locken. Er zeigt ein Foto, da fallen sie ihm bis auf die Schultern. Schade, daß ihr mich so nicht erlebt! Zum Ausgleich pflegt er seinen kastanienbraunen Kinnbart, der sich in den Koteletten beiderseits der Wangen fortsetzt, was seinen melancholischen Zügen eine besondere Würde verleiht. Trotz Gefängniskleidung könnte man ihn sich in Radmantel und Federhut vorstellen, etwa der des für einen Grafen gehaltenen Schneiders aus Gottfried Kellers Erzählung *Kleider machen Leute*. Unser Graf jedoch ist von Beruf Schlachter.
Wie sein Vater, erzählt er. Beim Sprechen verliert er ein wenig an Adel, denn seine Zähne sind in einem desolaten Zustand. Metzger habe er nicht werden wollen, der Vater zwang ihn dazu. Anfangs hätte er nicht zusehen können, wie ein Ochse zerlegt wird. Einmal sei sein Vater mit dem Schießapparat auf ihn los, mit dem die betäubt werden, die Ochsen.
Wenn ihm die Nerven reißen, läßt er sich von den Beamten in die Beruhigungszelle bringen. Freiwillig. Das sei besser, als sein Zelleninventar zu zerstören. Neuerdings drehe er seltener durch, denn er stehe im Briefwechsel mit einer Psychologin. Durch sie erhalte er Einblick in seinen Charakter.

Und was erblickst du da?
Ihr begreift nichts. Wie könntet ihr auch.
Er schaut melancholisch in den mit Kippen gefüllten Aschbecher. Eines Tages wird er derjenige sein, der er in Wirklichkeit ist, aber bis dahin muß er noch die Ignoranz von dem Pack hier ertragen. Dann aber…
…dann wird vor dem Knast eine Kutsche vorfahren. Bedienstete werden den Schlag aufreißen, und er wird sich neben einer wunderschönen Psychologin ins Polster fallen lassen.

Reiner
Reiner, klein, drahtig, dunkle Haartolle, flinke Augen. Lacht gern, immer gut drauf. Es macht Spaß, sich mit ihm zu unterhalten. Reiner ist Sinti, darauf ist er stolz. Und Reiner schnippelt. Davon erzählt er nicht, doch jeder weiß es. Seine Arme sind voller Narben. Keineswegs will er Selbstmord begehen, wenn er sich die Adern aufschlitzt. Er will sich auch keine Anteilnahme damit erschleichen. Wenn er darauf angesprochen wird, wischt er es leichthin weg. Es ist doch besser, sagt er, wenn ich schnippel, als wenn ich mein Radio kaputtschmeiße.
Alle paar Wochen wird er halb verblutet mit Blaulicht in die Klinik gefahren. Am Tag drauf sieht man ihn während der Hofzeit wieder mit seinem Onkel scherzen, der zur Zeit in derselben Vollzugsanstalt einsitzt. Die Familienehre leidet nicht darunter. An Ansehen verliert nur, wer sich an den ungeschriebenen Regeln der Sippe vergeht. Zwar empfiehlt es sich, Konflikte mit dem Gesetz zu vermeiden, doch eine Strafhaft ist kein Grund, den Betreffenden fallen zu lassen. Reiner muß nicht, wie viele andere Gefangene, vergeblich auf Besuch von Angehörigen warten. Im Gegenteil, er würde täglich besucht und mit Mitbringseln überhäuft, ließe die Anstaltsleitung es zu.

Glücklicher Reiner! Nur ist der Knast zu eng für sein spritziges Temperament. Da predigen wir ihm, er möge um Gotteswillen die Selbstverletzungen lassen. Du bist noch jung, Reiner, das Leben liegt vor dir, und du willst gesund entlassen werden. Das sage er sich auch, doch er könne nichts dagegen tun. Er wirft die Haare zurück, die immerfort über seine Augen fallen, und lacht.

Und nun hat er den Hauptschulabschluß geschafft. Keiner hatte ihm das zugetraut, als er sich zu einem der in der Vollzugsanstalt angebotenen Schulkurse meldete. Es fehlte nicht an spöttischen Bemerkungen der Mitschüler, was will der Zigeuner bei uns. Doch er hielt durch. Sein Abschlußzeugnis hält er jedem vor die Nase. Und er läßt sich feiern. In der Gesprächsgruppe erscheint er mit einem in der Küche organisierten Kuchen.

Wehe dir, du schnippelst noch mal, beschwört ihn ein fürsorglicher Mitgefangener, dann schmeiße ich dich eigenhändig aus dem Fenster. Reiner deutet grinsend aufs Gitter. Wat denn, da quetschen wa dir durch, meint ein Berliner, der nie um einen Ausweg verlegen ist.

Eberhard

Ein magerer junger Mann, immer in Bewegung. Auffallend seine hohe Stirn, über die andauernd die Hand fährt. Unruhige Augen, mit denen er sein Gegenüber zu fassen sucht. Seine Art zu sprechen ist eindringlich, als wolle er sich um jeden Preis Gehör verschaffen. Daß er wegen eines Sexualdeliktes im Knast sei, zum zweiten Mal schon. Bei der letzten Entlassung habe er solche Angst gehabt, es könnte wieder vorkommen. Was soll ich denn tun, damit mir geholfen wird? Ich schaffe es nicht allein. Es hört sich lächerlich an, sagt er, aber ich habe immer, selbst wenn ich nur ein Fahrrad klaute, Gott gebeten, mir zu verzeihen und mir beizustehen, damit ich es nicht wieder tue. Ich weiß, ich bin schuld an allem, was ich tue, aber manchmal denke ich, daß mir geholfen werden müßte. Damit ich nicht mehr dazu komme. Alles wäre mir recht. Meinetwegen könnten sie es mir wegoperieren. Nur wieder wie ein Mensch leben. Der Knast macht mich krank.

Eberhard schreibt Gedichte. Er zeigt das Schulheft in der Gruppe. So 'n Schwulst, sagt einer. Die andern schweigen betreten.

Er leidet an Magen- und Darmbeschwerden. Von den Zigaretten bricht er die Filter ab, er müsse sonst kotzen.

Der Professor

Im Knast nennt man ihn »den Professor«. Er ist Experte auf dem Gebiet der Naturwissenschaften. Seine Vorträge in der Gesprächsgruppe sind Eruptionen, sie entladen sich über den Köpfen seiner Zuhörer. Beim Sprechen braucht er Bewegung, springt auf, stellt einen Fuß auf den Stuhl, mit den Armen holt er weit aus, als wolle er einen großen Gegenstand umgreifen. Er demonstriert einen Atompilz. Wo war die alles verzehrende Hitze vorher? fragt er in die Runde. War sie im Atom, fühlbar, meßbar? Nein! Sie entstand erst im Moment der Kernspaltung. Und was folgern wir daraus?

Eine Antwort auf seine rhetorische Frage wartet er nicht ab. Ihr müßt kapieren, daß Materie mehr ist als eine Handvoll Staub. Auch wir, wie wir hier sitzen, sind mehr als eine Ansammlung von Zellen. Viel mehr. Wir sind verkörperte Energie, versteht ihr? Er erläutert es in einem kurzen Abriß über die Entstehung allen Daseins, beim Urknall beginnend, den dabei freigesetzten Energien, deren massive Ballungen die Krümmung des Weltraumes verursachen. Hundert Millionen Galaxien, stellt euch das vor, wenn ihr könnt!

Sein Hemd weist unter den Armen große Schwitzflecken auf. Hinter ihm das vergitterte Fenster, wir sind im Gefängnis. Der Professor gilt viel bei seinen Knastkollegen. Er läßt sie durch seine dynamische Art vorübergehend vergessen, wo sie sich befinden. Niemand braucht sich vor dem Tod zu fürchten, ruft er aus, und warum? Weil im gekrümmten Raum keine Energie verloren gehen kann. Wir besitzen einen Körper, aber nur für eine begrenzte Zeit, dann können wir ihn entbehren.

Du meinst, wir leben ewig?

Völlig falsch! Der Professor freut sich über das gelieferte Stichwort. Das Wort ewig führt in die Irre. Wenn es eine Ewigkeit gäbe, wären wir allesamt nicht vorhanden. Aus einer Ewigkeit ließe sich nichts herausschneiden – er schlägt mit der Handseite auf den Tisch – da entstünde und verginge nichts. Kein Urknall. Kein roter Riese. Kein schwarzes Loch. Gott hätte seine Schöpfung nie vollbringen können.

Einem der Gefangenen wird es zu viel. Er grinst und verdreht die Augen, als der Professor sich zu der Behauptung steigert, es gäbe nicht nur keine Ewigkeit, es gäbe auch keine Zeit. Und was ist mit meinen fünfeinhalb Jahren? Ist das keine Zeit?

Noch nie was von der Relativitätstheorie gehört? kontert der Professor, getragen von der eigenen Begeisterung. Auf den Bezugspunkt kommt es an. Ist, beispielsweise, dein Bezugspunkt die Sonne, braucht das Licht bis zu dir exakt achteindrittel Minuten. Für das Licht selbst jedoch existiert keine Zeit. Wären wir ein Teil des Lichtes, könnten wir in Sekunden, nicht einmal in Sekunden, jetzt, sofort, bei den fernsten Galaxien ankommen.

Au Scheiße, sagt der Kollege, und wir sitzen hier.

Rudi

Rudi hat es dick hinter den Ohren. Ist mit allen Wassern gewaschen. Ein pfiffiger Bursche. Einer wie der fällt immer auf seine Füße.

Gestern haben sie ihn abgenommen. Er hing am Fenstergitter. Keiner

hatte es geahnt. Er hatte kein Wort in dieser Richtung gesagt. Er war ganz wie sonst. Doch, er sagte noch etwas. Ich bekomme Besuch, sagte er. Er freute sich auf den Besuch.
Er freute sich immer auf irgendwas.
Jeder hatte ihn sich freuen sehn.
Das war typisch für ihn: er lachte, wenn man ihn ansprach. In seinem blonden Vollbart steckte ein stets zum Lachen verzogener Mund. In seinen Augen war das Lachen auch. Also, verstellt hatte er sich nicht.
Wie sah er aus, wenn er ernst war? Hat ihn keiner jemals traurig gesehen, verzweifelt? Mit was für einem Gesichtsausdruck saß er allein in seiner Zelle am Tisch und riß sein Bettuch in lange Streifen? Lächelte er noch, als er die Schlinge zog? Sein pfiffiges Lächeln, wenn er erzählte, wie er damals die Ladung durch den Zoll brachte. Schlau hatte er es angestellt, superschlau. Fernfahrer war er, mit allen Wassern gewaschen. Nie wurde was bei ihm entdeckt. Man muß eben schlau sein. Aber einmal waren die andern schlauer.
Ja nun, da kann man nichts machen. Da fährt man eben wieder ein. Da kommt man für vier, fünf Jahre in den Kessel. Kann man nichts machen, lachte er, als er davon sprach. Sein schlaues Lachen: man kann eben doch was machen. Gestern hat er es gemacht.

Das Kreuz des Südens

So nennt er seine Tätowierung auf dem Oberarm, ein Kreuz, dessen Balken in vier Sternen enden. Das Kreuz habe eine bestimmte Bedeutung für ihn, als Wegkreuzung zum Beispiel. Nein, ein christliches Symbol sei die Tätowierung nicht, sie sei ein Sternbild. Eine alte Frau habe ihm geweissagt, er werde jenseits des Äquators sein Glück finden.
Hat sie dir auch geweissagt, du würdest im Knast landen?
Er überhört die Frage. Das Gefängnis hält er offenbar für einen bei seiner

Lebensart unvermeidlichen Zwischenfall. Einen Antrag auf vorzeitige Entlassung habe er nie gestellt. Bis zum letzten Tag sitze er die Strafe ab, und dann ade, ohne einen Bewährungshelfer im Rücken.
Wir Freunde »von draußen« dürfen den großen Tag miterleben und ihn am Anstaltstor abholen. Er erscheint mit Rucksack und Plastiktüte. Seine Jeans sind zu weit geworden, früher hätten sie gepaßt. Er demonstriert uns, wie sie rutschen. Und jetzt, sagt er, lade ich euch alle zum Feiern ein. Wir schlagen eine Kneipe vor, aber er steuert ein teuer aussehendes Lokal an. Sekt für die ganze Runde! Ein ungewöhnlicher Gast vor dem serviettensteifen Tischgedeck. Das schüttere, halblange Haar, der dünne zerzauste Bart. Die gelbliche Gesichtshaut mit den starken Backenknochen, die schrägen Augen. Der wechselweise wachsame und in sich gekehrte Blick. Ein fahrender Geselle, für den das piekfeine Restaurant gerade gut genug ist.
Am Abend dieses denkwürdigen Tages fehlt einem von uns das Auto. Auch der Autoschlüssel ist nicht mehr in der Manteltasche. Auch das Kreuz des Südens ist verschwunden.
Soll der Eigentümer den Verlust anzeigen? Er möge noch zwei Tage damit warten, beschwören wir den nun zum Fußgänger Verurteilten.
Nach zwei Tagen steht das Auto wieder an der Straßenseite, genau da, wo es gestanden hatte. Das Kreuz des Südens ist auch wieder da. Freundlich wird er nicht empfangen. Er solle gefälligst die Autoschlüssel herausgeben.
Das Kreuz des Südens ist gekränkt. Nicht nur bestreitet er den Autoklau, er sagt auch, für ihn sei eine Welt zusammengebrochen, daß wir ihm so etwas zutrauten. Der Autobesitzer wird unsicher. Vielleicht war er es doch nicht? Aber wer sonst?
Wieder wird gefeiert, diesmal sein Abschied. Er besteht darauf, uns einzuladen. Der Rest seines Entlassungsgeldes geht dabei drauf. Wovon willst du in Zukunft leben? Keine Antwort. Das Kreuz des Südens ist damit beschäftigt, unsere Gaben, Brot, Käse, Wurst, in seinem Rucksack zu verstauen. Wir begleiten ihn noch zum Autobahnzubringer, er will sein Glück mit Trampen versuchen. Nicht ohne seine Freunde, einschließlich des Autobesitzers, noch einmal heftig zu umarmen.

Dort steht er mit erhobenem Daumen und im Vertrauen auf eine Prophezeiung, die ihm den Weg weist. Bisher führte sein Weg durch drei Knäste. Das Kreuz des Südens sei mit ihm.

Bingo

Über Rudis Tod kommt er nicht hinweg, er war sein Freund gewesen. Beide begeisterte Fußballer. In der Gruppe darf Rudis Name nicht mehr ausgesprochen werden. Einmal ging er auf einen Knastkollegen los, als der fragte, wem Rudi sein Radio vermacht habe. Bingo ist zum Fürchten in seiner Wut.

Als Tormann ist er gut. Bei Ausscheidungen gegen andere Knäste hat sich seine Mannschaft schon Pokale geholt. Beim Sport, sagte er, findest du noch einen Zusammenhalt, den es sonst im Knast nicht mehr gibt. Früher, als die Knäste noch Zuchthäuser hießen und man tagsüber das Zellenbett hochklappte und Tüten klebte oder Körbe flocht, da gab es noch echte Kumpels. Heute sind das doch alles Radfahrer und Schleimer.

Vom Fußball spricht er gern in der Gruppe. Wenn du den an die Birne kriegst, der ist wie 'ne Waffe, – so erklärt er seine kürzliche Ohnmacht auf dem Platz. Nicht weiter schlimm, das habe auch der Anstaltsarzt gemeint.

Bingo spielt nach wie vor Fußball. Die Sprachstörungen, die er manchmal hat, wischt er mit einer Handbewegung weg.

Als wir beobachten, daß er die Kaffeetasse am Mund vorbei führt, schlägt bei uns die Alarmglocke. Wir verständigen den Arzt. Bei dir stimmt was nicht, sagen wir zu Bingo. Du mußt auf einer gründlichen Untersuchung bestehen.

Daraus wird nichts, weil die Anstalt verfügt, ihn in Handschellen zum Klinikarzt zu bringen. Er verweigert die Untersuchung. Als er nochmals

beim Sport zusammenklappt, erübrigt sich die Frage der Handschellen. Der Patient liegt im Koma.
In der Klinik kümmern sich Ärzte und Schwestern um ihn, wie man sich in seinem bisherigen Leben noch nie um ihn gekümmert hat. Angehörige scheint er nicht zu haben, jedenfalls hörten wir nichts davon.
Nachdem er von der Intensivstation in ein Zweibettzimmer verlegt ist, verabreden wir in der Gruppe, daß die Mitglieder von außerhalb ihn abwechselnd jeden Tag besuchen.
Bingo liegt in dem weißen Krankenhausbett wie ein exotischer Vogel. Sein wegen der Sommerhitze bloßer Oberkörper ist über und über tätowiert. Die Bilder auf Bingos Haut sind das einzig Sprechende, das ihm geblieben ist. Palmen, Pflanzen, eine Frau im Sari, ein Tiger im Sprung. Im übrigen ist Bingo stumm wie Tisch und Bett.
Wir suchen nach Lebenszeichen. Hatten bei der Begrüßung nicht die Pupillen unter den halb geschlossenen Lidern heftig reagiert? Man glaubt manchmal, er bekomme noch etwas von seiner Umwelt mit, erklärt die Schwester, und vielleicht ist es auch so. Sie hängt ihm ein kleines Radio ans Ohr, so rieselt Musik in ihn hinein wie die Flüssigkeit durch die Kanüle.
Der Wachbeamte wird abgezogen, der anfangs den im Koma Liegenden an einer Flucht hindern sollte. Bingo ist aufgegeben. Kaum vorstellbar, daß der stille Mann vor Jahren seinen furchterregenden Auftritt als Geiselnehmer hatte und im Fernsehen bei XY gesucht wurde. Wir sprachen einmal davon, als er noch in der Anstalt mit uns am Tisch saß. Er schien sich kaum daran zu erinnern. In der ersten Zeit im Knast setzt du dich noch mit deiner Straftat auseinander, sagte er. Später verschwindet sie im Nebel und du weißt nicht mehr, warum du Jahr für Jahr hinter dieser Scheißmauer hockst. Hier wirst du fertiggemacht, du verlierst dein letztes bißchen Menschsein. Hast du niemand, der dich liebt? fragte eine neu in die Gruppe gekommene Studentin. Liebe, rief er und warf sich dabei halb über den Tisch, was ist das, kann mir das mal einer erzählen?
Es ist wahr, Bingo war in der Gruppe nicht der Beliebteste, man hielt

unwillkürlich Abstand von ihm. Aber jetzt, wo er teilnahmslos im Bett liegt und seine Hände unruhig über die Decke fahren, als wolle er nach etwas greifen, möchte man ihm die Hände halten und sie streicheln. Was dringt noch bis zu ihm hin? Wovon erzählt man einem im Koma Liegenden – vom Wetter? Draußen scheint die Sonne, Bingo. Heute regnet es, hörst du es rauschen? Die Blätter fallen, es wird Herbst. Der erste Schnee.

Vier Monate sind vergangen. Zweimal in dieser Zeit lag er im Sterben, Lungenentzündung. Welch ein Bemühen der Ärzte, ihn am Leben zu erhalten! Wir von der Gruppe lernten inzwischen kleine Handreichungen. Ihm die Stirn mit nassen Tüchern zu kühlen. Die Lippen zu befeuchten. Wir sind weniger ängstlich in unserem Verhalten als am Anfang.

Eines Tages ist sein Bett leer. Wir finden ihn auf der Pflegestation eines Altenheimes wieder. Hinteres Bett im Halbdunkel eines großen Raumes. Mit dem können Sie nicht reden, der ist nicht mehr da, erklärt ein alter Mann, der um so mehr redet.

Und dann ist Bingo wirklich nicht mehr da.

Ein Dezembertag mit Schneeregen. Regenschirme auf beiden Seiten der Grube, in die er gelassen wird. Zum ersten Mal sind seine Angehörigen da, jetzt, wo er nichts mehr fühlt.

Oder – wie hatte doch die Schwester in der Klinik gesagt, als sie ihm das Radio ans Ohr hielt – vielleicht nimmt er mehr wahr, als wir denken.

Mehmet

Als sich ein Türke um Aufnahme in die Gesprächsgruppe bewirbt, gibt es Ärger. Italiener und Franzosen hatten wir schon in der Gruppe, auch einen Kroaten und einen Griechen – gegenüber einem Türken aber werden Vorurteile angemeldet und heftig diskutiert. Dann erscheint

Mehmet. Ein schlanker junger Mann von zurückhaltendem Wesen, der von der Sprache her – er spricht deutsch mit einem badischen Akzent – den Fremden bald vergessen läßt. Der melancholische Zug um die auffallend lange Nase verleiht ihm etwas Traurig-Kindhaftes, er wird von den Mitgefangenen mit herablassender Schonung bedacht. Einer wie Mehmet mußte ja in sein Unglück rennen! Es war allein meine Schuld, widerspricht er, obwohl er gerade auf Befragen erzählt hat, daß es die Umstände waren, die ihn zu einem Banküberfall – die größte Dummheit meines Lebens! – verleiteten.

Die traurige Nase. Die traurige Geschichte. Seiner Familie wurde ein Haus zum Kauf angeboten. Es war in äußerst schlechtem Zustand, aber sein Vater und die drei Brüder setzten es instand und sie teilten sich den Kredit.

Als das Haus bezugsfertig war, starb der Vater an Herzversagen. Er hatte sich bei der Renovierung übernommen. Sein Tod war ein schwerer Schlag, erzählt Mehmet. Von da an ging es mit ihm bergab. Warum war er nicht mit seiner jungen Frau im Elternhaus geblieben? Seine Mutter würde es ihm nie verzeihen. Recht habe sie, er hätte nicht ausziehen dürfen.

Nun mußte er neben der Abzahlung des Kredites noch für die Miete für die eigene Wohnung aufbringen. Und dann drei Kinder. Sein Verdienst bei einer Baufirma reichte nicht aus. Mit der Mutter über seine finanzielle Lage zu sprechen, verbot der Stolz. Aber das mit der Spielzeugpistole war nicht gut, sagt Mehmet.

Seine Nase senkt sich, er kriecht in sich zusammen. Nach einer Weile, das Gespräch ist inzwischen woanders, hebt er den Kopf: Der, mit dem ich die Zelle teile, hat für die gleiche Straftat nur viereinhalb Jahre bekommen, ich aber fünf Jahre und drei Monate. Ist das gerecht?

Vielleicht ist dessen Fall etwas anders gelagert als der deine.

Nein, sagt Mehmet, der Grund ist, daß ich nach dem Gesetz bei einer Strafe von mehr als fünf Jahren abgeschoben werden kann. Was soll ich in der Türkei? Ich kenne dort niemand. Meine Frau mit den Kindern will hierbleiben. Natürlich bin ich selbst schuld, sagt Mehmet, und läßt die Nase hängen. Aber ist das noch gerecht?

Seifert

Der ist fies, sagen die Mitgefangenen von ihm. Ein Sittich, das scheint knastbekannt zu sein. Mit Sittich wird ein wegen einem Sittlichkeitsdelikt Einsitzender bezeichnet. Er steht in der Hierarchie der Gefangenen an unterster Stelle. So einer wird links liegen gelassen oder getreten, zumindest verbal. Seifert, deshalb ist er ihnen wohl besonders widerwärtig, läßt sich treten. Sie behaupten, er begebe sich absichtlich in herausfordernde Situationen, um sich an einen ranzuschmeißen.

Und ihr macht ihn absichtlich schlecht. Als säßet ihr nicht alle im gleichen Karren.

Wir von außerhalb der Mauern verurteilen das unsolidarische Verhalten der Gefangenen. In Seifert, der sich um Aufnahme in die Gesprächsgruppe beworben hat, begegnen wir einem etwas fahrigen älteren Mann, der viel redet, oftmals in langen Tiraden und so rasch hervorgestoßen, daß schwer zu folgen ist. Was treibt ihn dazu, sein Sexualleben vor Fremden auszubreiten, gleich ob vor Männern oder Frauen? Wäre der Ort nicht die Vollzugsanstalt, wir würden es uns verbitten. Hier fühlen wir uns unsicher. Ist es für Herrn Seifert notwendig und eine Hilfe, von alledem zu sprechen? Und ist es möglich, auf ihn in einer Weise einzugehen, daß er beginnt, sich mit seinen Verirrungen auseinanderzusetzen?

Dazu kommt es nicht, weil die Mitgefangenen ihn in der Gesprächsgruppe nicht dulden wollen. Wenn der bleibt, dann gehe ich – das hören wir von mehr als einem.

Ihr erwartet für euch selbst Toleranz und seid nicht bereit, sie anderen zu erweisen? Toleranz ist gut, erklären sie auf den Einwand, aber sie hat Grenzen. Seifert sei eine alte Sau und nicht mal mit der Feuerzange anzufassen.

Über Seiferts Verbleib in der Gruppe wird abgestimmt, wie zu erwarten mit negativem Ergebnis. Als es ihm mitgeteilt wird, bricht er in Tränen aus.
Deine Krokodilstränen kannst du dir wegstecken.
Nun macht einmal einen Punkt!
Uns, die mit dem Anspruch in die Gruppe kommen, allen Gefangenen ungeachtet ihrer Straftat als Menschen zu begegnen, macht die Ablehnung Seiferts zu schaffen, zumal er erklärt, er habe so gern teilgenommen. Zum ersten Mal in seinem Leben habe er sich ernst genommen gefühlt. Sei er etwa ein Tier? Sei er nicht auch ein Mensch wie jeder andere?
Nach seinem Abgang bleibt eine Kluft zurück, die sich nur schwer wieder schließt. Wir haben versagt. Ihr könnt euch solche Gefühle leisten, sagen die Gefangenen. Wir müssen mit den Seiferts leben.

Familiensinn

Herrn Greiner mit seiner Familie im Urlaub zu begegnen, kann man sich gut vorstellen. Der seit Jahren fest gebuchte Campingplatz, nach dem Aufstellen des Zeltes der Begrüßungsumtrunk mit Bekannten, Strandlauf wie immer früh um sechs. Leider war seine Familie dazu nicht zu bewegen. Dabei ist der Sonnenaufgang das Schönste vom ganzen Tag, sagt er mit einem Blick auf das Fenstergitter.
Nicht nur der Urlaub, sein ganzes Leben hatte einen festen Rahmen. Er liebte seinen Schlosserberuf, und er liebte es, nach der Arbeit noch kurz in die Wirtschaft zu gehen. Anschließend nach Hause, wo schon das Abendessen wartete. Nein, er ließ sich nicht nur bedienen. Sonntags durfte seine Frau ausspannen, dann übernahm er die Küche. Hübsch aufgedeckt wurde der Tisch, Blumenvase, Kerze. Die Kinder sollten früh ein harmonisches Familienleben kennenlernen. Sonntags Autofahrten,

damit sie etwas von ihrer Heimat sahen. Auch kickte er gern mal mit dem Jungen auf dem Fußballplatz. Im Winter wurden Spiele gemacht, Halma, Mensch-ärgere-dich-nicht, damit das Fernsehen ausgeschaltet blieb. Seine Frau hatte leider keine Freude am Spielen. Was er nicht ertragen konnte, war Unordnung. Wenn etwas herumlag, mußte er es in den Schrank räumen. So war er eben. Doch, er sei ein zufriedener Mensch gewesen.

Nun sitzt er in der Gruppe und zählt auf, was er falsch gemacht haben könnte. Nur Kleinigkeiten fallen ihm ein. Wie er dem Sohn einmal eine wischte, weil der seinen Schraubenzieher verlegt hatte. Und wie er die Gäste wieder auslud, weil seine Frau seinen Anzug nicht in die Reinigung gebracht hatte. Wenn er jetzt daran denke – heute würde er über solche Dinge hinwegsehen. Er würde auch verstehen, daß seine Frau manchmal ohne ihn ausgehen wollte, um sich mit ihren Freundinnen zu treffen. Die Eifersucht mache einen Menschen regelrecht krank. Heute, das wisse er, wäre es nicht passiert.

Vom Feinsten

Bei ihm muß alles stimmen. Die Uhr, das Feuerzeug, das Goldkettchen. Alles vom Feinsten. Die Knastkleidung stimmt allerdings nicht.

Das Feuerzeug stimmt auch nicht ganz. Sein früheres vom Wert eines halben BMW sei ihm geklaut worden. Nun gib mal nicht so an, Mann.

Er wirkt zart. Beim Händedruck spürt man im zarten Arm die Kraft, die ihn nach mehreren Vorstrafen wegen Körperverletzung zum Totschläger machte. Wenn er in Wut gerät, kriegt er sich nicht mehr ein. Wenn er in solchen Fällen nur ein Rezept dagegen hätte.

Bis zwanzig zählen, ehe du zuschlägst, rät ein Mitgefangener.

Ich käme nicht mal bis drei. In bestimmten Situationen hakt's einfach aus bei mir.

An Situationen hat es in seinem Leben nicht gefehlt. Er war Zuhälter von Beruf. Ist das ein Beruf? Allerdings, klärt er uns auf, ein wichtiger sogar. Er hält sich viel auf den Schutz zugute, den ein Zuhälter seinen Damen gewährt. Bei mir kann sich eine sicher fühlen. Dafür zahlt die auch gern. Da hört man aber ganz andere Dinge. Zum Beispiel, daß ein Zuhälter erst ein mittelloses Ding gefügig macht, indem er ihr Liebe vorgaukelt, und sie dann auf den Strich schickt.

Mein Gott – er schlägt sich an die Stirn – ihr glaubt wohl jedem Emma-Käsblatt! Die nicht von sich aus auf den Strich wollen, mit denen braucht man's erst gar nicht probieren. Die ziehn keine Freier an Land. Er, nebenbei gesagt, lebte mit seiner Alten zusammen, und zwar glücklich.

Besucht sie dich noch?

Nichts da. Ich habe ihr den Laufpaß gegeben. Ne Frau für anderthalb Stunden Besuchszeit im Monat ist schlimmer als keine zu haben. Da geht jede Beziehung kaputt. Daß man hier ohne Frau leben muß, ist auch eine Körperverletzung, sagt er, und wer wird dafür bestraft, die Justiz etwa? Am besten, man verdrängt jeden Gedanken an eine Frau.

Ob Verdrängen das Richtige ist?

Was bleibt dir im Knast sonst übrig? Verdrängen, das sind Magengeschwüre, Hodenentzündung, Stirnhöhlenvereiterung, Ausschlag, Hämorrhoiden. Die ganze Scheiße, die du herinnen hast.

Moses Landfahrer

Vollbart, blitzende Augen unter buschigen Brauen, das Haar leicht angegraut. Er spricht mit erhobener Faust. Im Tonfall eines Predigers in der Wüste donnert er den immer gleichen Sermon über die Köpfe seiner Knastkollegen, daher sein Spitzname Moses. Er predigt ihnen, daß Fabrikarbeit die Menschen dumm und dämlich macht. Schaut sie euch

an, die Herdentiere. Für ein paar hundert Kröten im Monat lassen die sich schinden. Nee, nicht mit mir. Soll ich arbeiten gehn, damit ein paar Herren sich einen Wanst anfressen können? Die schröpfen die Leute bis aufs Blut. Ungeschoren bleiben nur diejenigen, bei denen es nichts zu holen gibt. Die Berber, die sind die einzig Freien. Warum laßt ihr euch bescheißen? Je besser ihr spurt, um so leichter können sie euch ausnehmen.
Penner auf der Parkbank? Nee danke.
Euch ist ja nicht zu helfen, geht ruhig malochen. Und abends sitzt ihr dann mit so 'nem Ding vor der Nase, so 'nem Farbfernseher, damit ihr noch blöder werdet, als ihr schon seid. Mit mir nicht, das sage ich euch. Wenn ich rauskomme, keine Wohnung, nicht mal 'n Weib. Nichts. Das ist mein Weg.
Wie er denn leben wolle, so mit nichts.
Oh, das geht gut, behauptet er. Habe ich drei Jahre lang gemacht. Herumgereist. Wo ich überall war, keinen Dunst. Schön war's. Manchmal auch beschissen.
Du tönst von Freiheit und sitzt im Kessel, wagt ein Knastkollege einzuwenden.
Freiheit! Moses holt tief Atem. Freiheit wird dir nicht zugeteilt, die mußt du dir nehmen.
Und wo nimmst du die im Knast her?
Spreche ich vom Knast? Ich will euch was sagen, der existiert für mich nicht, der Knast. Ich spreche vom Leben, versteht ihr, vom Leben!

Schlußbemerkung

Ernst Steffen zu Ende denken, Bertram T. und Karl Schirmer. Alle hatten bei der Entlassung lange Haftstrafen hinter sich. Mit Ernst Steffen ging es trotz guter Voraussetzungen abwärts, bis er in depressiver Verfassung mit dem Auto gegen einen Baum raste. Bertram T. arbeitete mit wahrem Übereifer im Betrieb seiner Frau und stand eines Tages mit einem silbergrauen Porsche vor meiner Tür, mit dem er nicht lange danach ebenfalls ums Leben kam. Nur Karl Schirmer, der am meisten benachteiligte der drei, schaffte es, sich bis heute durchzuschlagen. Es sind drei von vielen, die ich während und nach der Haft begleitete. Ihre jahrelangen Freiheitsstrafen machten den Übergang ins freie Leben zu einer Stolperpartie. Zu lange von der Welt weggeschlossen, um sich anschließend, wie es heißt, »zu bewähren«.

Die Betreuerinnen und Betreuern, denen ich das Buch widme, kennen die Probleme, von denen ich berichte. Ich denke mir, sie sind manchmal ähnlich verzweifelt, wie ich es war, wenn ich meine Bemühungen für vergeblich hielt. Und manchmal ähnlich beglückt, wenn es gelingt, den Panzer des »Nicht-mehr-empfinden-Könnens«, von dem Ernst Steffen spricht, zu lockern und eine Verhärtung zu lösen. Mit Gefühligkeit hat das nichts zu tun, die Gefangenen würden sich verbitten, für ihr selbst eingebrocktes Schicksal bedauert zu werden, und die von ihnen Geschädigten hätten allen Grund, sich von falsch verstandener Barmherzigkeit gegenüber Straftätern verletzt zu fühlen. Es geht um die Begegnung auf freundschaftlicher Basis, die dem gegenseitigem Verständnis dient. Für mich liegt der Sinn einer Betreuung darin, dem Gefangenen zu zeigen: Du bist mir etwas wert. Ihm wieder zur Selbstachtung zu verhelfen, die im Anstaltsleben oft verloren geht.

Gemessen an der großen Zahl der Inhaftierten, ist die Anzahl der Betreuer klein. Es lassen sich nicht leicht Menschen finden, die zu die-

ser Aufgabe bereit sind, denn für den Schritt in die Welt der Strafgefangenen muß gewöhnlich eine innere Barriere überwunden werden. Umgekehrt fühlen auch Gefangene innere Widerstände, sich einer fremden Person anzuvertrauen. Dennoch ist die Liste der auf Betreuung Wartenden lang. In der Regel werden nur die berücksichtigt, die keine Besuche von Angehörigen bekommen. Ich würde mich freuen, wenn unter den Lesern und Leserinnen meines Buches einige zu dem Entschluß kämen, sich ehrenamtlich im Strafvollzug zu engagieren.
Eine gute Möglichkeit zum Kennenlernen ist die Teilnahme an einer Gesprächsgruppe, in der Gefangene mit Menschen von außerhalb in der Vollzugsanstalt zusammenkommen. Eine der Gruppen leite ich seit vielen Jahren, wobei leiten sich auf Formales beschränkt, denn in der Gruppe herrscht Gleichberechtigung. Die Gesprächsthemen werden von den Teilnehmern vorgeschlagen und berühren die verschiedensten Interessensgebiete. Außer unserer gibt es auch Gruppen, die Glaubensfragen zum Inhalt haben, oder Gruppen mit Schwerpunkt im kreativen Bereich. Die Gruppen werden im Vollzug als »Freizeitgruppen« geführt. Tatsächlich bieten sie den Gefangenen kurzzeitig Erholung von dem Anstaltsstreß, den das Zusammenleben auf engem Raum mit sich bringt. Hier kann man sich einmal von der anderen Seite zeigen, nicht als Knacki, sondern als der, der man auch ist oder einmal gewesen ist. Leute, die von außen neu in unsere Gesprächsgruppe kommen, wundern sich manchmal, was Gefangene »alles auf dem Kasten haben«.

Die *Streiflichter* im letzten Teil des Buches entstanden nach Gruppensitzungen und sind Momentaufnahmen der Begegnung mit Gefangenen. Als Autorin von Kurzgeschichten lag mir die literarische Gestaltung mancher filmreifer Szenen nahe. Mein Sinn für Situationskomik sollte aber nicht über die fatale Lage hinwegtäuschen, in der sich die beschriebenen Personen befanden. Die Kluft zwischen den Anlagen, die mancher hat und dem, was aus ihm geworden ist, macht mich ratlos und traurig. Wo, an welcher Stelle, ist die Abwärtsspirale noch aufzuhalten? »Liebe, was ist das, kann mir das mal einer erzählen?« fragt in den *Streiflichtern* einer der Porträtierten.

Über die Autorin

Rosemarie Bronikowski, geboren 1922 in Sande/Hamburg. Schulzeit in Hamburg und am Bodensee. Den Zweiten Weltkrieg verbrachte sie in Berlin, wo sie 1940 heiratete. Nach dem Tod ihres Mannes studierte sie Zeitungswissenschaft, erhielt eine Ausbildung zur DRK-Schwesternhelferin und wurde zur Versorgung von Bombenopfern eingesetzt. 1945 ging sie nach Süddeutschland und zog in zweiter Ehe sieben Kinder groß.

Literarische Veröffentlichungen seit 1969. Lesungen an Schulen über die NS-Zeit. Engagement gegen Aufrüstung und Atomenergie. Auftritte mit satirischen Texten in Begleitung von Jazz-Musikern.

In ihren Büchern hat die Autorin ihre Jugend im Nationalsozialismus literarisch verarbeitet. Außerdem erschienen von ihr Lyrikbände, Erzählungen, Hörspiele und poetische Kurzprosa, die ins Polnische übersetzt wurde.

Die in Ebringen bei Freiburg lebende Autorin ist seit fast dreißig Jahren ehrenamtliche Betreuerin von Strafgefangenen. Von ihren Erfahrungen erzählt das vorliegende Buch.

Die Gedichte von Ernst S. Steffen sind, wenn nicht anders vermerkt, erschienen beim Verlag Hermann Luchterhand, Neuwied und Berlin

Lebenslänglich auf Raten, 1969

Rattenjagd, Aufzeichnungen aus dem Zuchthaus, 1971

Inhalt

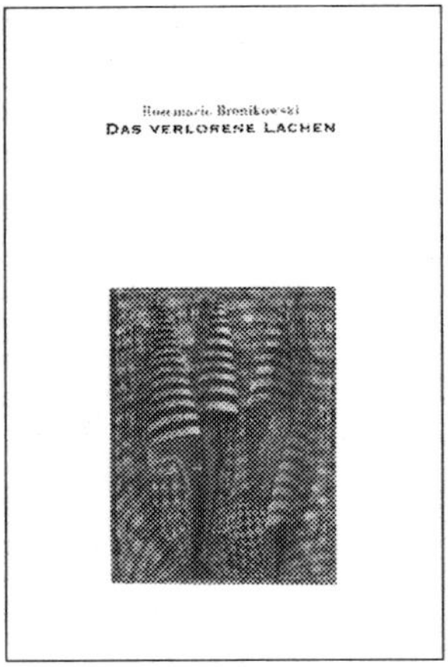

Rosemarie Bronikowski

Das verlorene Lachen

Gedichtband
mit Illustrationen
von E. Józefowski
1997

Rosemarie Bronikowski

Ein Schiff in der Wüste –
Statek na pustyni

Poetische Kurzprosa
(deutsch – polnisch)
mit Illustrationen
von E. Józefowski
2000

Rosemarie Bronikowski

Das Ende der Ewigkeit

Erzählung aus dem
zweiten Weltkrieg
2001

edition fürsatz, Trescher Verlag